731部隊と戦後日本

隠蔽と覚醒の情報戦

加藤哲郎

花伝社

731部隊と戦後日本——隠蔽と覚醒の情報戦◆目次

Ⅲ　戦後時局雑誌の興亡――『政界ジープ』対『真相』　151

はじめに——湯川博士はなぜ原爆開発に協力したのか

日記公開で明らかになった「F計画」への関与

二〇一七年一二月二一日、京都大学基礎物理学研究所・湯川記念館は、一九四五年一月～一二月に書かれた湯川秀樹博士の日記を、初めて公開しました。

湯川秀樹（一九〇七～八一年）は、言うまでもなく、日本人として初のノーベル賞受賞者です。戦後日本の科学技術立国の象徴であり、核廃絶など科学者の社会的責任を提唱した平和運動の代表者でした。

一九四五年の湯川秀樹日記には、各地の空襲・大本営発表などの戦況、ポツダム宣言全文の筆写、占領軍士官の研究室訪問、西田幾多郎・高山岩男ほか多数の訪問者・会見者の名前などが出てきます。自然科学や科学史の観点からは、戦火のもとでも続けられた湯川の量子力学講義や、敗戦後のサイクロトロン破壊への記述が注目されます。

日記の公開にあたって、マスメディアは、「湯川秀樹　戦中の原爆研究に言及　京大が日記公開」（『毎日新聞』一二月二一日）等と、敗戦直前の六月二三日の日記に記された「F研究」（京大・荒勝文策教授と海軍の組んだ日本の原爆開発計画）への関与を報じました。

陸軍と組んだ理研・仁科芳雄博士らによる原爆開発「ニ号研究」はよく知られていますが、これとは別に、京都大学も原爆開発に巻き込まれ、当時、中間子理論で世界的に知られ、一九四三年には文化勲章を受けていた湯川秀樹も、国策による原爆開発に動員されていたのです。もっとも陸軍の「ニ号研究」も海軍の「F研究」も、ごく初歩的な研究段階でした。ウラン原料もほとんど入手できないまま、アメリカによる広島・長崎原爆投下を経験し、日本は連合国に降伏しました。理論物理の世界で湯川博士がどんなに優れていても、日本には原爆を作る力はなかったのです。

そのため、仁科芳雄をはじめとした原爆開発に携わった物理学者たちは、戦犯にされることも、公職追放もありませんでした（ジョン・W・ダワー「『ニ号研究』と『F号研究』」『昭和――戦争と平和の日本』みすず書房、二〇一〇年、所収）。

しかし、私や何人かの研究者は、敗戦と同年の一九四五年一月八日の『朝日新聞』に掲載された「科学者新春の夢　華府（ワシントン）を吹飛ばす　洞穴から『謎の放射線』　湯川博士の夢」という、日本製新型爆弾による「一発逆転」を湯川秀樹の「初夢」とした記事に注目してきました（加藤『日本の社会主義――原爆反対・原発推進の論理』岩波書店、二〇一三年、山崎正勝『日本の核開発：1939〜1955』績文堂出版、二〇一一年）。

七二年後に発表された当時の日記には、この記事についての記述はありません。ただし、一月一一日の日記に、「朝日新聞橋本記者来室」とありました。

6月23日（土）
朝　駒井部長を訪問　科学々級疎開の件相談
三回生演習　小山君　Wentzel続き.
午後　戦研　F研究　第一回打合せ会、物理会議室
にて．荒勝、湯川、坂田、小林、木村、清水、
堀場、佐々木、岡田、石黒、上田、萩原各研
究員参集.
廿二日　戦勇兵役法公布実施
上諭を賜う
沖縄部隊　尚島尻地区にて奮戦　（強調引用者）

湯川秀樹研究室日記　1945年（京都大学基礎物理学研究所　湯川記念館史料室）

日本軍の新兵器開発に動員

一九四五年三月五～九日の湯川秀樹日記には、静岡県浜松市に出張し、「平田森三氏」や「野村少将」と会談したという、さりげない記述があります。三月一〇日の東京大空襲の直前で、全国に米軍機が到来し爆撃していた頃です。軍事技術史や浜松郷土史から、なぜそんな時期に湯川博士が浜松に行くのかと調べてみると、これは原爆ではありませんが、やはり日本軍の新兵器開発に動員されていたことがわかりました。

「野村恭雄少将」というのは、陸軍の秘密兵器開発の責任者で、「㋘（マルケ）作戦」という暗号名で、「決戦兵器」としての熱赤外線誘導爆弾を作っていました。戦後の一九七七年に出版された日本兵器工業会『陸戦兵器総覧』（図書出版社、一九七七年）という本の中で、彼は、戦後高度成長に受け継がれた日本の技術

の一つとして、当時の「成果」を淡々と記述していました。
その中に、この「㋘作戦」に協力した数百人の産軍学協同の科学者・技術者の名簿がありました。湯川秀樹教授の名はありませんが、京大からも六人ほどが研究担当者として動員されていました。日記の「平田森三」とは、東大第二工学部（兵器開発・戦争協力のために一九四二年に新設された専門学部）で糸川英夫（戦後日本のロケット開発の父）と共に弾道設計・測定にあたった教授であることがわかりました。湯川博士は、この熱誘導弾の浜名湖での実験に立ち会っていました。いや、立ち会わされていました。

それは、湯川秀樹の戦後の非戦平和思想の意義をおとしめるものではなく、湯川秀樹博士でさえ「国策」に協力せざるをえなかった、当時の日本の科学技術・科学者と戦争・軍事研究の歴史的関係を示すものです。

その証拠をもう一つだけ挙げましょう。湯川秀樹一九四五年日記公開の直前、『朝日新聞』静岡版（二〇一七年一二月五日）に掲載された、静岡県島田市からの「湯川・朝永博士　軍研究で対照的　史家ら知見」というローカル記事があります。

これは、静岡県島田市の郷土史家らが、太平洋戦争中にマグネトロン（発振用真空管）などを用いた兵器開発をしていた島田市の戦争遺跡「第二海軍技術廠《しょう》牛尾実験所」について、おそらく町おこしのために開催した研究会についての報道です。ここでの兵器開発の中心は、マグネトロンでマイクロ波を発生させ、上空の爆撃機B‐29に照射して撃ち落とすという計画で、理論系の物理学者が多数動員され参加していました。

当時の記録の中に、一九四四年四月に島田実験所で撮影された集合写真が残されていました。そこに、後にノーベル賞を受賞した朝永振一郎や湯川秀樹の姿が写っていたのです。

当時の実験所員の証言では、湯川博士はしばしば実験所に呼ばれていたものの、「湯川先生が全然、戦争反対で、会合に来られる予定になっているのに、いつも欠席になっている」ので、当時の物理学会の重鎮である大阪大学の菊池正士教授が「湯川はけしからん」と憤慨していた、といいます。一方、朝永博士の方は、新兵器研究に積極的だったそうです。

つまり、湯川秀樹は軍事研究に反対でしたが、当時の大学・学界が全体として戦争に動員され、研究費も国や軍に依存しているもとでは、戦争協力を拒むことはできなかったのです。

現代によみがえる、軍学協同と科学の軍事化

今日の日本でも、産学協同にとどまらず、軍学協同と科学の軍事化が進み、深刻な問題となっています。政府の「国家安全保障戦略」の閣議決定を受けて、防衛装備庁は「安全保障技術研究推進制度」を設け、二〇一七年度は一一〇億円の予算に、二二の大学と二七の公的研究機関が公募に応じました。米軍からも、二〇〇八年から一六年までに、大阪大学・東京工業大学・京都大学等に一三五件、八億八〇〇〇万円の研究助成が提供されていたことが明るみに出ました。

これらを受けて、日本学術会議は、一九五〇年の「戦争を目的とする科学の研究には絶対従わない決意の表明」、一九六七年の「軍事目的のための科学研究を行なわない声明」を受け継ぎ、二〇一七年三月に「軍事的安全保障研究に関する声明」を発表しました。

「近年、再び学術と軍事が接近しつつある中、われわれは、大学等の研究機関における軍事的安全保障研究、すなわち、軍事的な手段による国家の安全保障にかかわる研究が、学問の自由及び学術の健全な発展と緊張関係にあることをここに確認し、上記2つの声明を継承する」

これを受けて、京都大学は、二〇一八年三月末に「京都大学における軍事研究に関する基本方針」を決定し、「本学における研究活動は、社会の安寧と人類の幸福、平和へ貢献することを目的とするものであり、それらを脅かすことに繋がる軍事研究は、これを行わないこととします」と宣言しました。

安倍内閣のもとでの安保法制や憲法九条改正論議の中で、研究の世界でも、戦争の足音が近づいています。私は、現代日本の科学者・技術者も、再び戦争に動員されるのではないか、軍事的安全保障研究を強いられるのではないか、と危惧しています。湯川秀樹のような戦争体験世代が研究の第一線から消えていくのと併行して、戦争を知らない若い人々が、湯川博士と同じような強制と選択を迫られる時がくるのではと、心を痛めています。

本書の目的

二〇一一年の東日本大震災・福島原発事故以降、私は、日本の科学技術政策の問題に、政治学・現代史研究の立場から取り組んできました。加藤哲郎・井川充雄編『原子力と冷戦――日本とアジアの原発導入』（花伝社、二〇一三年）、前掲『日本の社会主義』などで、原爆や原発がどのような社会的意味を持ち、どのような政治力学・国際関係のなかで生成・発展してきたかを、社会科学・歴史学の方法で解明してきました。

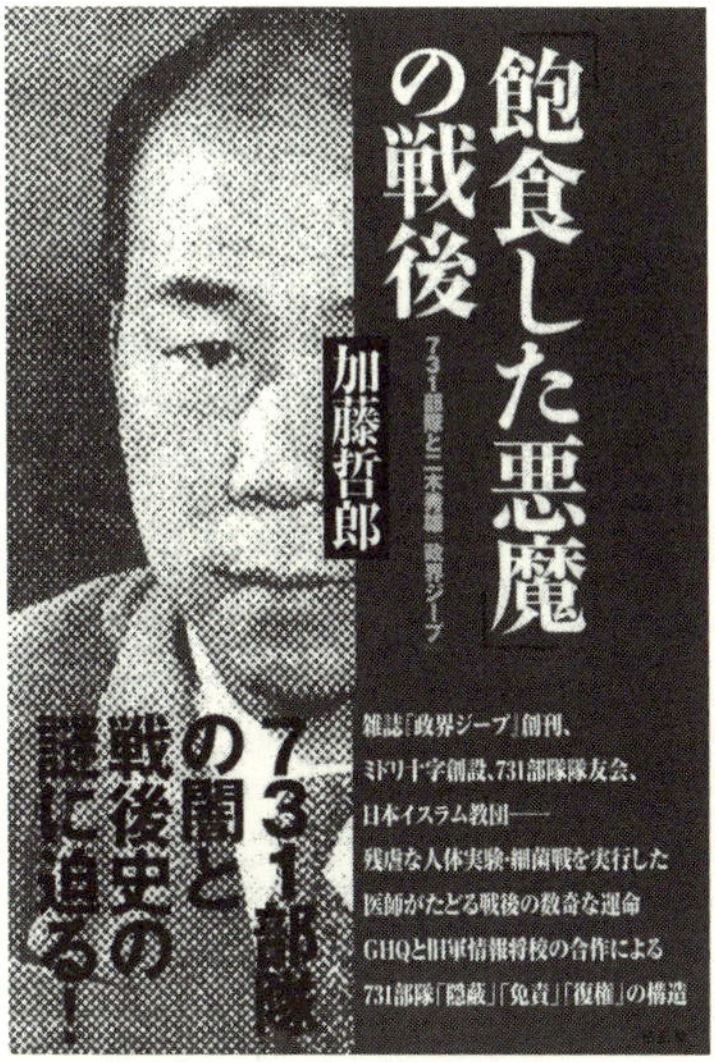

加藤『「飽食した悪魔」の戦後』（花伝社、2017年）

そして二〇一七年に、本書のもとになった『「飽食した悪魔」の戦後――731部隊と二木秀雄『政界ジープ』』（花伝社）を刊行し、湯川秀樹が学問と戦争のはざまで悩んでいたのと同時期に、軍事研究に積極的に携わり、巨額の研究費を得て人体実験・細菌戦を実行した関東軍七三一部隊の問題に取り組んできました。

七三一部隊で、中国人・ロシア人・朝鮮人らの人体実験でデータを得ようとした医師・医学者の倫理性、実際にペスト菌を培養・撒布して細菌戦に用いた犯罪性に加え、それに携わった医師・医学者たちが、いかに戦争責任を免責され、公職追放も逃れ、戦後医学・医療の世界で復権できたかを、検討してきました。

前著『「飽食した悪魔」の戦後』は四〇〇頁の分厚い学術書で、広く読者に届けることが難しかったため、本書は、この研究にもとづくいくつかの講演記録を下敷きに、その要約版として、できるだけわかりやすく、話し言葉で、七三一部隊の戦後の闇を明かすよう努めました。

本書を、医学にとどまらない現代科学・科学者への警鐘として読んでいただければ幸いです。

東京・国分寺にて

著者

I

戦争の記憶

――ゾルゲ事件、七三一部隊、シベリア抑留

一　ゾルゲ事件から七三一部隊へ

第Ⅰ部では「戦争の記憶――ゾルゲ事件・七三一部隊・シベリア抑留」をテーマに、私の最近の研究をお話しします。

話のあらすじを簡単に説明しましょう。歴史の記憶は、諸個人の体験・証言とともに、時々の情報戦で作られます。例えば、敗戦直後に反戦・反ファシズムの物語とされていたゾルゲ事件は、東西冷戦の開始とともに「国際赤色スパイ団」の犯罪とされました。

冷戦終焉によってようやく見ることができるようになった旧ソ連の秘密文書やアメリカの国立公文書館資料を調べていくと、一見無関係な、ゾルゲ事件と関東軍七三一部隊の細菌戦・人体実験、さらには日本人六〇万人のシベリア抑留、あるいは一九五六年日ソ国交回復時の近衛文麿元首相長男・近衛文隆の抑留死に至るまでが、日本・アメリカ・ロシア（旧ソ連）、あるいは中国等々から発信される、虚実を取り混ぜた国際情報戦でつながっていたのです。

国際批判を受けた安倍晋三首相の歴史感覚

「DO YOU KNOW?（知っていますか？）」という文字の下の写真は、二〇一三年五月一二日に撮られたものです。東日本大震災で、仙台に近い松島基地が津波で完全に壊され、自衛隊の飛行機も九州に退避していました。ようやく松島基地が復興し、「ブルーインパルス」という自衛隊のアクロバット航空隊が戻ったときに、安倍晋三首相が、基地で自衛隊員を励ます式典に出席しました。その際に、自衛隊のパイロット服を着て、親指を立てて、復興を祝っている姿がこの写真です。

掲載された意見広告（WSJ.com, 2013年12月2日）

日本の新聞では以上のように報じられましたが、これについて、すぐにアメリカの新聞記者が噛みつきました。何が問題かと言うと、実は、安倍首相ではないのです。ポイントはその下の飛行機のナンバー、要するに日の丸のそばに「731」とある飛行機に乗って、首相がニコッとしているのは、「これは何事だ」ということで、『ウォール・ストリート・ジャーナル』電子版に、意見広告が出されました（二〇一三年一二月二日）。

なぜかというと、第二次世界大戦で日本軍に敵対する「匪賊」とみなされた中国人・ロシア人・朝鮮人、モンゴル人等々を、平房というハルビン郊外の大きな細菌戦実験工場に「特移扱」といって連れ込んで、そこで日本軍が人体実験を行なったのです。彼らは「マルタ」という言葉で呼ばれ、数千人が裁判抜きで処刑されました。

さらに平房の実験室で培養されたペスト菌の爆弾を、日本軍は、実際に中国大陸でばら撒きました。数万人が犠牲になったといいます。その中心だったのが、石井四郎中将の指揮する関東軍防疫給水部、いわゆる「七三一部隊」で、「その七三一部隊を連想させる機体番号の自衛隊機に日本の首相が乗っているとは何たることだ」というのです。

アメリカの『ネルソン・レポート』誌には、これはちょうど、ドイツの首相がふざけてナチス親衛隊（ＳＳ）の制服を着て登場するようなもので、人々に――とくにその被害を受けた国の人々に、大きな心の痛みを与えるものである、という論評が出ました。

これを、韓国の新聞『中央日報』が引用して日本語ウェブ上で報じていますが、「日本のメディアがこのことを報じていない」ことも問題にしています。

ユネスコ世界遺産をめぐる情報戦

二〇一五年秋、ユネスコの世界記憶遺産に、中国の提出した「南京虐殺」記録が認められて、日本政府はこれに抗議し、「ユネスコの分担金を出さない」とまで言い出しました。

認定されたのは、「メモリー・オブ・ザ・ワールド」つまり「世界の記憶」というシリーズです（旧称、「記憶遺産」）。この記録は、人類史にとっての共有財産として残されます。日本では、三池炭鉱の山本作兵衛の記録画なども、ユネスコ記憶遺産に指定されています。

「南京虐殺」の登録自体は、別にその犠牲者が三〇万人か二万人かという人数を問題にするものではありません。登録名は「Nanjing Massacre」で日本語にすれば「南京虐殺」ですが、当時書かれた被害者の日記や音声証言が、歴史的な記憶遺産としてまとめられています。しかし日本政府は、南京での被害者の数をとくに問題にし、「政治的利用だ」と主張しました。けれども、同じくユネスコ記憶遺産に認定された「明治日本の産業革命遺産」に、安倍首相の出身地山口の松下村塾まで入ったのも、ある意味では政治的です。朝鮮人の強制連行が行なわれた施設の指定については、韓国政府がクレームをつけました。

侵華日軍第七三一部隊罪証陳列館（ハルビン）

南京大虐殺と一緒に、日本人のシベリア抑留の記録も認められ、日本では「舞鶴への生還　一九四五～一九五六　シベリア抑留等日本人の本国への引き揚げの記録」として登録されました。これに対しては、ロシア政府が公式にクレームをつけましたが、国際機関であるユネスコは抗議を受け付けませんでした。

中国ハルビン市では、七三一部隊の跡地が現在記念館になっていて、ユネスコ世界遺産としての申請がすでに準備されており、今後、「負の記憶遺産」に登録される可能性があります。

南京大虐殺、従軍慰安婦、そして七三一部隊

つまり、二〇世紀東アジアの歴史認識に関わる世界記憶遺産として問題になるのは、第一が今回認定された南京事件ですけれども、おそらく次は、従軍慰安婦問題でしょう。

従軍慰安婦問題は、主として日本と韓国の間で問題になってきました。二〇一五年末の日韓外相合意で、韓国政府は記憶遺産申請を取り下げるとしていますが、少女像の撤去等に対しては、被害者である韓国の側に根強い反対と不信があり、韓国の大統領が変わって、今後も記憶遺産に再申請される可能性があります。

そればかりではなく、最近中国では、中国大陸においても日本軍は慰安所を作って中国人女性を虐げていたという記録や証言が、たくさん見つかっています。それを、場合によっては韓国と共同で、ユネスコ記憶遺産に申請する可能性があるのです。

そして、三番目に浮上するであろう東アジアの記憶の争点が、七三一部隊の細菌戦・人体実験の問題です。

七三一部隊の米ソの記憶と中国側新資料

七三一部隊の細菌戦・人体実験の問題は、一九八一年に出た作家森村誠一の『悪魔の飽食』（カッパ・ノベルス）という本で知られるようになり、ベストセラーになりました。それ以来、世界中で、いろいろな研究が進んでいます。

アメリカ軍が、医学者・医師たちを中心とする七三一部隊の関係者から実験データを提供してもらう代わりに、彼らを極東国際軍事裁判から免責し、訴追しない形にしたことが、冷戦期にアメリカ側の資料から明らかになりました。

それに対して、ソ連の側は「いや、あれは明白な戦争犯罪だ」という立場で、一九四九年の一二月にシベリアのハバロフスクで裁判を開き、シベリアに抑留した六〇万人の日本人の中から七三一部隊の関係者――とくに確証のある一二人の被告を選び出し、戦争犯罪人として告発しました。当時の日本軍が、ジュネーブ議定書で禁止されていた生物化学兵器、毒ガスと共に禁止されていた細菌戦を行なった罪を問うたのです。

加えて、人体実験を行なった容疑でソ連独自の裁判を進め、一二人が有罪になって、山田乙三関東軍総司令官以下被告に、おおよそ禁固（矯正労働）一〇年から二五年の罪が着せられました。この判決について、米国や日本政府は、ソ連のプロパガンダとして批判しました。

ソ連側からは、一九五〇年に七三一部隊ハバロフスク裁判の公判記録が出されて、その後に、それをもとにした山田清三郎さんの小説『細菌戦軍事裁判』（東邦出版社、一九七四年）や高杉晋吾さんのルポルタージュ『日本医療の原罪――人体実験と戦争責任』(亜紀書房、一九七三年)が発表されました。

冷戦時代は、米ソの資料にもとづいて、七三一部隊についての情報戦がなされてきました。とくにアメリカ側は、ハバロフスク裁判について、「ソ連の裁判はでっち上げで、信用できない」と黙殺する態度をとりましたので、両方の主張が並行していました。

しかし、七三一部隊に関する研究が本当に進んできたのは、一九八一年に『悪魔の飽食』がベストセラーとなり、七三一部隊の存在が国会でも問題になって、冷戦が崩壊した二一世紀に入ってからのことです。新しい資料・史実が発掘され、もともと最大の被害者である中国の人たちが、証言や物的証拠を集め、それにもとづいて、日本に対する国家賠償請求の裁判を起こし、地裁では被害事実が認定されました。つまり、米ソが七三一を政治的に利用しようと争い合っていた段階から、本来の被害者である中国の人たちが声を出しはじめたために、全く新しい七三一部隊研究の局面が生まれています。

私が従来研究していたゾルゲ事件と同様に、七三一部隊についても、冷戦が崩壊して関係する資料がみつかり、たくさんの新事実が明らかになっているのです。こうしてわかった新事実や資料を中心に、ゾルゲ事件・七三一部隊・シベリア抑留に関連した様々な問題を、エピソードを交えてお話しします。

多摩墓地のゾルゲの墓と七三一部隊の供養塔

まずは、ゾルゲ事件研究と七三一部隊研究が、偶然に結びついた話です。リヒアルト・ゾルゲと尾崎秀実が秘かに死刑に処されたのは、戦争末期の一九四四年一一月七日のことでした。現在も毎年一一月七日前後に、ロシア大使館の関係者を含めて、墓前祭が行われています。

多磨霊園のゾルゲ・尾崎たちのお墓のそばに、表には何も書いていない墓標があります。これが実は、七三一部隊隊員の犠牲者供養塔「精魂塔」で、多摩霊園事務所の記録には「懇心平等万霊供養塔」、英語で「Unit 731 Memorial」と書いてあります（小村大樹氏が特定）。

この二つの近接したお墓、ゾルゲたちの墓とこの懇心平等万霊供養塔はどのようにできたかを調べていきますと、「二木秀《ふたぎひで》雄《お》」という元七三一部隊の医師の存在が浮かんできます。

精魂塔

七三一部隊の供養塔「精魂塔」は、医師の二木秀雄が私財を投じて、一九五六年に一四六万円（現在の約九〇〇万円）という相当の額を一人で寄付し、それに有志がさらに五万円出して作ったメモリアルなのです。二木本人の墓も近くにあります。この二木秀雄という人物は何者かと調べていくと、興味深い話になるのです。

私が彼を知ったのは、そもそも占領期のカストリ雑誌や時局雑誌に興味があって、いろいろ集めていたのがはじまりです。『真相』とか『政界ジープ』とか『レポート』『旋風』などいろいろあるのですが、その一つである右派の『政界ジープ』という大衆向けバクロ雑誌が、一九四八年一〇月号で「尾崎・ゾルゲ赤色スパイ事件の真相」というタイトルのセンセーショナルな記事を特集しました。

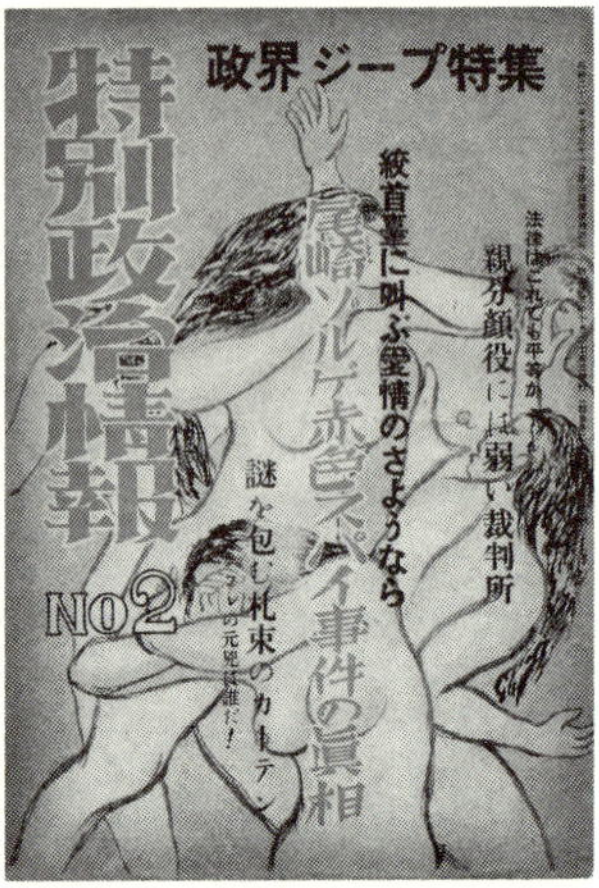

『政界ジープ』1948年10月号

二一世紀の私たちは、「ゾルゲ事件はスパイ事件だ」と知っていますから、何でもないことですけれども、実は、尾崎秀実・ゾルゲが太平洋戦争が始まる直前にしていたことを「スパイ事件」とか「赤色スパイ事件」と大々的に報じたのは、この特集が初めてだったのです。

反戦平和の闘士からソ連の赤色スパイへ

ゾルゲ事件はその前から一般に知られていたではないか、と思われるかもしれません。

そもそもゾルゲ事件とは、日米開戦直前の一九四一年一〇月に、在日ドイツ大使館顧問のジャーナリストであるリヒアルト・ゾルゲ、元朝日新聞記者で近衛内閣嘱託だった尾崎秀実らが、開戦についての御前会議情報などをソ連に伝えたとして検挙された、「国際諜報団事件」です。四二年五月に司法省発表として一度新聞報道されましたが、日米戦争開始の戦意昂揚期で、大きくは扱われませんでした。四四年一一月のゾルゲ・尾崎に対する死刑執行は報道もなく、関係者以外には知られていませんでした。

戦後、尾崎秀実が獄中で書いた家族への手紙が、『愛情はふる星のごとく』（世界評論社、一九四六年）としてベストセラーになって、戦後の民主化の時期には、尾崎とゾルゲは「反ファシズム・反戦平和の闘士、戦争が始まる直前まで日本で戦争に反対する人がいた」という風に、高く評価されていたのです。「尾崎こそがヒューマニストで、真の愛国者だった」「ゾルゲ事件は国際連帯の反戦平和活動だった」――こういう論調が、実は一九四八年秋にこの『政界ジープ』が出るまでは、日本での支配的評価なのです。

事実、占領期の出版物を網羅したアメリカのプランゲ文庫で「ゾルゲ事件」を調べても、「スパイ事件」として描かれたものは、この雑誌が出るまでありませんでした。

この四ヵ月後、四九年二月に、アメリカ陸軍省のゾルゲ事件についての公式報告書が出ます。「ウィロビー報告」と呼ばれるものです。当時の占領軍総司令部GHQの治安・諜報部門G2を率いるウィロビー少将が作った公式記録で、これが「レッド・スパイ・リンク」つまり「赤色スパイ団」の告発になっています。それで「ゾルゲ事件というのはソ連の赤色スパイ事件だった」と、日本でも広く知られるようになるのです。

『政界ジープ』特集号は、報告の四ヵ月前に出て、当時は目立たなかったのですが、ウィロビー報告が出ることによって、「ああ、そうだったのか」となった、いわば、先駆けのスクープ記事だったのです。当時はGHQ・CCD（民事検閲局）の検閲がありますから、実際には、G2のCIS（民間情報局）あたりがリークした情報を、G2に取り入った右派大衆政治誌『政界ジープ』が報じたものでしょう。

ゾルゲの墓を建てた石井花子の証言

ゾルゲの東京時代の愛人と言われる、銀座のバーの女給だった石井花子が、この『政界ジープ』の特集記事がリヒアルト・ゾルゲの墓を建てるきっかけになったと証言しています。

曰く、それまでいろいろゾルゲ事件について調べ、とくにゾルゲの遺骨がどうなったかを知ろうと思ったけれど、知ることができなかった。一九四八年の一〇月頃に『政界ジープ』という雑誌に「尾崎ゾルゲ赤色スパイ事件の真相」という記事が出たので、びっくりして、記事の中にゾルゲの遺体が雑司ヶ谷の共同墓地にあると書いてあったので、雑司ヶ谷に通って守衛さんと仲良くなり、ようやく土葬された体格のいい外国人の遺骨が出てきたので、脚の銃痕でそれがゾルゲの骨だと分かった、と（石井花子『人間ゾルゲ』角川文庫、二〇〇三年）。

多磨霊園にあるリヒアルト・ゾルゲの墓は、石井花子が建てた墓です。ゾルゲの遺骨がどこにあるかがわかり、墓をたてるきっかけになったのが、この『政界ジープ』の特集記事だったと、石井は述べているのです。

日本でのゾルゲ事件の報道・見方は、そこで大きく変わります。今日まで続く、アメリカの陸軍省公式報告、ウィロビー報告の「赤色スパイ事件」が、支配的な見方になったのです。けれどもそれは、史実に照らしてどれだけ本当なのだろうかと、いろいろ検討したのが、私の『ゾルゲ事件――覆された神話』（平凡社新書、二〇一四年）です。

冷戦後に明らかになったゾルゲ事件

ゾルゲ事件については、とくに冷戦が終わってから、ロシア（旧ソ連）側とアメリカ側から、新しい資料が膨大に出てきました。白井久也・渡部富哉さんらの日露歴史研究センターの雑誌『ゾルゲ事件関係外国語文献翻訳集』が今日まで五〇号出ていますが、それらを見ていくと、他のこともいろいろわかってくる。

ＧＨＱ・Ｇ２のウィロビー報告は、『Shanghai Conspiracy（上海における陰謀）』という英文書物の原タイトルの通り、日本よりも中国が本来の対象だったものです。アグネス・スメドレー、エドガー・スノーら中国共産党に近い在中米国人ジャーナリストを非米活動のかどで告発するために、ゾルゲ事件を利用したものです。つまり、戦後米国の赤狩り（マッカーシズム）の一環でした。

ソ連はリヒアルト・ゾルゲの存在そのものを否定していました。一九六四年に初めて「ゾルゲは、実は、わが国赤軍の諜報員であった」と認め、しかも一足飛びに大祖国防衛戦争の英雄にしたのです。冷戦の時期、キューバ危機のすぐあとで、「ゾルゲのような諜報活動が今こそ必要だ」というモデルに仕立て上げました。

一九六四年までは、アメリカが一方的にゾルゲ情報を流し、「ソ連は、日本政府の中枢にスパイを送りこんだ。そうしたスパイは、おそらくアメリカにもいる、世界中どこにでもいるだろう」という、反共宣伝に使っていたのです。

七三一部隊の供養塔をたてた二木秀雄

ゾルゲの墓は石井花子が建てたのですが、一方で『政界ジープ』を発行するジープ社社長の二木秀雄こそが、七三一部隊の慰霊碑「懇心平等万霊供養塔（精魂塔）」を建て、彼が七三一部隊の隠蔽・免責・復権について、重要な役割を果たしたことがわかってきました。

この「隠蔽・免責・復権」の過程を端的に言えば、第一段階は、七三一部隊の存在を抹消し隠蔽する。つまり、一切何もなかったように証拠を隠滅するための作業でした。二木は、ハルビン近郊平房の実験棟の爆破や、人体実験用「マルタ」の殺害（私の書物では四〇〇人と書きましたが、中国側は控えめに、少なくとも四〇人としています）、細菌戦資料の焼却などの第一線にいた人物です。七三一部隊員の一部は、一九四五年八月九日にソ連軍が満州に攻め込んだときに、すぐに特別列車を仕立て、いち早く日本に帰国しました。八・一五（終戦の日）以前に、既に満州を離れていたわけです。隊員名簿と貴重データ・資材は持ち帰られました。

七三一部隊の幹部たちが、一九四五年八～九月、どこに集まったかというと、石川県の金沢です。金沢は、石井四郎隊長が旧制四高出身という縁があり、二木秀雄の出身地でもあります。二木は四高から金澤医大卒です。有名な隊員では、病理解剖学の石川太刀雄（別名：太刀雄丸、大刀雄）が金澤医大（後の金沢大医学部）教授になり、七三一部隊の人体実験で得た解剖データを持ち帰っていました。そこに仮本部が置かれて、隠蔽・口止め工作がなされたのです。二木は、後に同窓会である戦友会「精魂会」を立ち上げますが、七三一部隊隊員の名簿管理人でもあったようです。

石井四郎中将

その後四五年一〇月ぐらいから、日本は戦時中に細菌戦をやっていたらしいと判明して、アメリカ軍は、関係者を尋問し始める。そこから第二段階の七三一部隊関係者による免責工作が始まります。つまり、石井四郎中将から、中国大陸でマルタを使った人体実験をやったこと、ペストノミの爆弾を実際に撒いて細菌戦を実行したこと—

―この二つのこと以外は、米軍にむしろ積極的に供述して、自分たちは純粋な科学研究、高度な医学研究をやったのだと言え、という指令が出される。そして、七三一部隊幹部と米軍細菌戦調査団の折衝、研究データと免責のバーターが行なわれる。この過程にも、二木秀雄が幹部の一人として関わっています。

それから一九四七年末に、米国政府の対ソ戦略として、極東国際軍事裁判では七三一部隊を戦犯に訴追しないことになりました。そこから第三段階の「復権」がはじまります。つまり、米軍に貴重なデータを提供した代わりに不訴追・免責にすると決まった段階以降は、今度は医学界の中で、七三一に関係した医師たちが、国立大学医学部長とか日本学術会議会員とか、どんどん偉くなって復権していく過程があるのです。そこでも、この二木という男が一役買って、関係しています。そして一九五五年に隊友会「精魂会」を組織し、多磨霊園の慰霊塔「精魂塔」を建立します。

しかし、一九五六年春には、二木秀雄が、『政界ジープ』誌の編集長・社主として、七〇〇〇万円近くを不当に得た戦後最大の恐喝事件「政界ジープ事件」で摘発されました。これは、銀行・証券など大会社に「会社のスキャンダルを雑誌に出すぞ」といって金をとる、後の総会屋の手口です。二木も主犯として、最終的には懲役三年の有罪になって表舞台から消え、雑誌も廃刊になりました。

しかし、その間にも、七三一部隊の関係者は、医学界、医師会、厚生省の委員会・審議会その他で戦争犯罪を問われることなく復権していったのです（これらについては、第Ⅱ部で詳しく述べます）。

マックス・クラウゼンの尋問記録に細菌戦準備情報

そういうことがわかってきたので、戦前もどこかでゾルゲ事件と七三一部隊がつながるのではないかと考えて出てきたのが、次の裁判記録です。

マックス・クラウゼンという、ゾルゲ・グループの無線技士がつかまって、一九四二年に尋問された記録の中に、ゾルゲと七三一部隊の関係を示す証拠がありました。これは、みすず書房の『現代史資料24　ゾルゲ事件　4』（一九七一年）という裁判記録の二八〇頁に収録されています。

「日本陸軍は戦争に備える謀略戦術として、ハルピンまたはその付近にコレラ・ペスト等の細菌研究所を設け、盛んに培養し居れり。右は当時ゾルゲ宅で、同人とシュタインと話しているのを聞きましたが、私［クラウゼン］はその時暗号内容が解らぬ時代でありましたから、打電したか如何かは確実でありません。」

一九三七年の何月何日かはわからない話ではありますが、このような証言が出てきました。

ゾルゲ事件研究は、戦後まもない頃から長い伝統があり、数百の著作・論文がありますけれども、これは、私を含め、ゾルゲ事件研究の人たちが見逃していた記録です。

七三一部隊を長く研究している近藤昭二さんというテレビディレクターで、ルポルタージュや資料集を多数刊行しているジャーナリストがいます。この資料も実は、ゾルゲ事件の記録の中に何か七三一部隊に関係するものはないかと、近藤さんが探して見つけたものです。

私は近藤さんから直接教わったのですが、こういう文書記録があった（シェルダン・H・ハリス、近藤昭二訳『死の工場』柏書房、一九九九年、訳注四八頁、注二二五）。外国の研究では、ロバート・ワイマントの『ゾルゲ　引き裂かれたスパイ』（西木正明訳、新潮社、一九九六年、一五九〜一六〇頁、注二六）にも出てきます。

つまりゾルゲは、関東軍防疫給水部に七三一部隊という名がまだ付いていない一九三七年（七三一部隊の名は一九四一年以降です）、「加茂部隊」とか「東郷部隊」とか呼ばれていた段階で、すでに細菌戦の準備についての情報を持っていた。平房本部、七三一部隊の本拠地が構築されるのは一九三八年以降ですが、その前に関東軍防疫給水部の存在をすでに知っていた。石井部隊が給水で活躍するノモンハン事件は一九三九年ですから、その二年前にはすでに情報を持っていたことになります。おそらく、日本の細菌戦準備が外国に知られたものとしては、最も早い情報です。

ちなみにアメリカ軍は、太平洋戦争勃発後の一九四一年末に「どうも日本は細菌戦をやっている」という情報をつかんで、戦後になって、本格的に七三一部隊の調査を始めます。

ゾルゲの得た細菌戦情報の情報源の謎

ただし、このゾルゲの細菌戦準備情報が本当にモスクワに届いて、実際にソ連に役に立ったかどうかは、全くわかっていません。

旧ソ連がなくなって、ゾルゲが日本からモスクワに送った電報がロシアから出てきました。全部で四〇〇通ぐらい存在すると言われていますけれども、現在までにその中の二〇〇通ほどが公表されています。日本が細菌戦を準備していたという情報は、その中には入っていません。これからひょっとしたら出てくるかもしれませんけれども、ゾルゲの細菌戦情報がモスクワまで送られてスターリンがそれを読んだかどうかは、まだわからない段階です。

ゾルゲがつかんだ細菌戦についての情報は、戦後にソ連がシベリア抑留者の中から七三一部隊関係者を戦犯としてピックアップする戦犯捜査、あるいは一九四九年末のハバロフスク細菌戦裁判でも使われたのではないかと思って私も調べたのですが、実際に裁判でゾルゲ情報が使われた形跡はありません。

それにしても、クラウゼンの供述によると、ゾルゲとシュタインとの間でペストやコレラについての会話があったのは事実のようです。そうすると、どうしてそんな情報をゾルゲは得たのでしょうか。それから、なぜ日本軍の憲兵隊や特高警察はそれを無視したのだろうか、という疑問が出てきます。

ゾルゲの話し相手のギュンター・シュタインは、イギリスの新聞記者で、『エコノミスト』誌などの特派員をつとめていましたが、一九三八年には日本から離れています。そのためゾルゲ事件では、「積極的同調者」として名前は挙げられましたが、捕まっていません。したがって、日本の特高警察や憲兵隊が調べようと思っても、もう手の届くところにいないので、調べても無駄だと、この証言だけで終わって追跡されなかった可能性があります。

それにしても、この細菌戦情報はどこから出たのでしょうか。その情報源の問題が、ゾルゲ事件の新しい謎の一つになります。

ゾルゲは一体どこからこういう軍事情報を得ていたのかと言いますと、可能性として確かにあるのは、仲間の外国人特派員、ギュンター・シュタインたちのルートです。

けれども、その他の可能性もあります。彼はドイツ大使館の顧問、駐日ドイツ大使オットの有力な助言者でした。日本の七三一部隊の関係者も、石井四郎以下ドイツ留学経験者が多く、ドイツとの同盟関係が強かったと言えます。ナチス・ドイツは細菌戦の研究をやっていたので、ドイツ大使館やドイツ軍関係から取った情報という可能性もあるでしょう。

それから実は日本陸軍の有力者も、ゾルゲを信頼していました。武藤章、馬奈木敬信、山縣有光らいわゆる親独派の将校たちは、ゾルゲがドイツ大使館顧問ということから、すすんでドイツの軍事情報と日本の情報のやりとりをしていました。そこで「日本軍も細菌戦を準備している」というようなことを、ゾルゲにもらしたかもしれません。

中国大陸の中国共産党からの情報の可能性もあります。ゾルゲは、日本に赴任する前に一九三〇年から三二年末までは上海で活動し、中国共産党の周恩来らと連絡をとっていましたので、中国筋から情報を得たかもしれない。

それから、尾崎秀実は、もともと朝日新聞上海特派員をつとめていた、満鉄の有力な調査員でした。しかも近衛文麿内閣の中国問題のブレーンで、政策勉強会「朝飯会」のメンバーでしたので、そちらのルートかもしれない。近藤昭二さんは、この尾崎秀実ルートが有力とみています。

安田徳太郎

安田徳太郎ルートの可能性?

つまり、情報源についてはいろんな可能性があるのです。私はさらに、京都大学医学部関係者から情報が伝わったのではないかと考えて、その筋も追いかけています。

なぜ京都大学かと言いますと、七三一部隊の創設者で初代隊長の石井四郎以下、有力幹部には、京大医学部出身者が多いのです。もっと正確に言いますと、金沢の旧制四高理科から京大医学部というルートが、石井四郎、増田知貞、石川太刀雄以下七三一部隊の有力な幹部の供給源でした。

石井四郎は、当時の京大学長の娘と結婚し、医学部の優秀な学生の中から七三一部隊の部下たちをリクルートし育ててきたのです。そして、その頃の京大医学部出身者の中に、安田徳太郎という、ゾルゲ事件の被告の一人がいます。

安田徳太郎は、七三一部隊に関係したわけではなく、むしろその反対です。京都で河上肇らと一緒に共産党系の無産運動をやっていた山本宣治の従弟でした。ゾルゲ事件の裁判記録には、宮城與徳というゾルゲ事件の被告の一人から頼まれて、安田徳太郎自身が情報を流していたとあります。

安田徳太郎も京大医学部の卒業生です。ちょうど彼が卒業した一九二四年の二年前に石井四郎が卒業しています。それから、七三一部隊の中心になっている医師たちは、だいたい昭和五年、一九三〇年前後の京大医学部の卒業生です。つまり、医学部の先輩と後輩の両方に、七三一部隊関係者がたくさんいるのです。

京大医学部卒も、別に全員が悪い人ではありません。むしろ京都で活動し右翼に暗殺された山本宣治の伝統を汲んで、京大医学部が戦争協力するのを苦々しく思っていた医師・医学者も当然いたはずですから、そういう人たちから、安田に情報が流れた可能性があります。

また、安田徳太郎は腕利きの医者で、一九三七年頃は、東京の青山に診療所を持っています。

青山ですので市ヶ谷に近く、軍の関係者も病院に来るのです。陸軍将校でも安田の病院で診療を受けながら「俺は満州に行ってこんなことをやってきた」などと世間話をした可能性もある。こういう問題から追いかけていくと、この安田徳太郎ルートも、ゾルゲ事件の裁判記録中に七三一部隊についての記録が入った情報源の有力な候補と考えられます。

二　戦犯にされなかった七三一部隊の医師たち

関東軍防疫給水部

ノモンハン事件の年（一九三九年）、七三一部隊は、正式には「関東軍防疫給水部」といって、まだ七三一とは名付けられていませんでした。部隊を率いていた石井四郎中将は、防疫給水部の防疫というよりも給水、つまり川の汚い水をろ過してきれいな飲み水にする仕組みをつくって表彰され、天皇から感状を授与されています。

満州の平房七三一部隊には当時の東京大学と同じ規模の予算が与えられ、約三六〇〇人の軍医・医学者および技師・技術者、それから少年兵・女性隊員も含む兵士たちが勤める大きな工房がつくられました。六キロ四方の大変に巨大な、飛行場まで持つ軍事実験棟がハルビン郊外の平房につくられたのです。

そこに抗日運動に加わった中国人、ロシア人等の捕虜を憲兵隊が「マルタ」として連れてきて（「特移扱」といいます）、風土病・伝染病の研究という名目で、生体実験をします。有名なのは凍傷実験ですが、寒季における日本軍兵士の被害を少なくするために「零下二〇度ではどうなる」「零下三〇度だとどうなる」と、屋内外で捕虜をつかった実験をし、殺していきました。

もう一つの研究が、ペストとかコレラとか炭疽菌とかを、ネズミとノミを使って培養したことです。これらの菌を陶器の筒に入れた爆弾にして、実際に一九四〇年から四二年にかけて、中国大陸の常徳市（湖南省）や、寧波市などの浙江省でばらまいた。そうした記録が、冷戦崩壊以降中国側からたくさん出てきて、今では博物館ができています。

しかし七三一部隊の実態は、陸軍の中でも、トップクラスでしか知られていません。昭和天皇が知っていたかどうかについては諸説があるのですけれども、岩波ブックレット『七三一部隊と天皇・陸軍中央』（一九九五年）で、中央大学の吉見義明教授らが論じたところによると、細菌戦については軍の公式記録にも載っていて、おそらく参謀本部および統帥権を持つ天皇も知っていたであろうと、言っています。

中国側の告発と細菌戦国家賠償裁判

中国側の試算では、現在、この七三一部隊による細菌戦犠牲者が少なくとも一万五〇〇〇人とされています。南京大虐殺と同じように、正確な数は分かりません。七三一部隊の被害の全容は、最大の被害者である中国側の調査と告発で、ごく最近明らかになってきました（楊彦君

『関東軍第七三一部隊　実録』中文、外交出版社、二〇一六年）。

一九九九年、中国の細菌戦被害者および家族が、日本で七三一部隊細菌戦国家賠償請求訴訟を起こし、二〇〇二年の東京地裁判決では、細菌兵器が実際に使われ約一万人が被害を受けた事実は、裁判でも認められました。

ただし、従軍慰安婦問題と同じで、国家賠償は認められません。つまり中国との平和条約で賠償問題は決着しているからという理由です。これはちょうど「一九六五年の日韓基本条約によって、従軍慰安婦問題もすでに国家間の関係としては解決をしている」と言うのと同じ論理になっているのです。

日本政府の方は、前述の地裁判決はあったものの、これまで関東軍が細菌戦・人体実験を行なったという事実そのものを認めていません。しかし、アメリカやロシア、中国からは、どんどん新しい資料が出てきているのが、今日の七三一部隊研究の状況です。

データを提供して免責された医師たちのその後

こうした人体実験を行ないながらも、石井中将らは、極東国際軍事裁判では戦犯として訴追されませんでした。人体実験のデータ、細菌基礎研究のデータを全部米軍に提供することによって、いわば司法取引のバーターで免訴になるのです。

しかも、そのデータは、これは証明するのは大変なのですけれども、朝鮮戦争、ベトナム戦争の枯葉剤、そしてひょっとしたら今でもイラクや中東で使われている生物化学兵器のもとになったのではないかと言われています。

石井四郎は戦後隠遁するのですけれど、石井以外の、そのデータを提供した医者たちは、日本の医学界で偉くなっていく。その一端が表に出たのは一九八〇年代の薬害エイズ事件です。一九五〇年に日本ブラッドバンクという血液銀行が作られ、その後身であるミドリ十字という会社に、旧日本軍の七三一部隊関係者が集まって、そこで血漿剤が作られていた。薬害エイズ事件をきっかけに、それが七三一の研究をもとにしたものだとわかってきました。

七三一結核・梅毒班長二木秀雄という人物

前述した二木秀雄という人物は、七三一部隊で石井四郎の側近で、青年将校でした。二木は一九〇八年生まれですので、石井四郎より一五歳ぐらい下ですけれど、当時三〇代の医学博士・医師で、中堅幹部・青年将校と言っていい。七三一部隊で実際の人体実験や細菌戦を担当したいわば実行犯は、ほとんどがこの世代、一九一〇年前後の生まれの人たちです。

それればかりではなくて、二木は旧制四高から金沢医大を卒業しているのですが、金沢医大のときの先生が谷友次という石井四郎の四高時代の同級生です。つまり、石井四郎の同級生のもとで医学博士になり、谷教授から石井四郎の部隊に推薦され派遣されたという関係です。二木は、七三一部隊では軍医ではなく「技師」として、結核班長と総務部企画課長をつとめました。

七三一部隊は、約三六〇〇人の膨大な組織ですが、総務部企画課というのは、関東軍の参謀本部と作戦を調整する部署で、ソ連情報収集などインテリジェンスも担当します。軍部と非常に近い関係にあったのです。

二木がつとめた「第一部結核班長」というのは、正確に言うと、結核および梅毒の基礎研究担当班長を指します。彼の金沢医大での博士論文は、梅毒スピロヘータについての研究でした。つまり結核および梅毒での生体実験をやった張本人だということです。

梅毒研究がなぜ重要かというと、戦地において日本軍の兵士たちが性病にかかる率が非常に高かったからです。ですから、軍にとってはその防止策が切実な課題でした。

実は、七三一部隊での梅毒の生体実験では、「マルタ」と共に、いわゆる慰安婦が使われていました。これは、七三一部隊研究の方から出された従軍慰安婦問題です。

三　七三一部隊性病担当医師二木秀雄の奇妙な戦後

金沢仮司令部の設営と雑誌『輿論』発刊

敗戦後、二木秀雄はすぐに日本に戻ってきて、自分の故郷・金沢で、石井四郎ら最高幹部の密議のための仮本部を設営し、そこからの命令を七三一部隊の部下たちに伝える連絡参謀になります。

二木は七三一部隊の証拠隠滅・物資隠匿をはかりながら、一九四五年一一月から金沢で『輿論』という雑誌を出していました。

当時パブリックオピニオン（世論）を掲げるというのは、民主化の象徴でした。『輿論』の巻頭言には「民主主義とは輿論に基づく政治である」と書かれている。一九四五年の一一月、敗戦の三ヵ月後に、すでに「天皇をどうするかについては輿論と国民投票によって決めるべきだ。これがアメリカ型の民主主義だ」という主張を雑誌に出しています。

「原子爆弾を見て天皇陛下の御聖断があったので、ようやく日本は戦争をやめることができた。したがって、天皇陛下は終戦に重要な役割を果たしたのであって、戦争犯罪とは関係がない」「だから天皇制は守るべきである」というのが『輿論』の主張です。

もう一つは、「日本が負けた原因は、原子爆弾である」「それは科学技術が日本は遅れていたからだ」としています。二木は医学博士ですが、「医師および科学者は、今こそアメリカの科学技術を学んで、新生日本をつくる。科学技術立国、文化立国として再生しなければならない」と主張します。こういった、天皇制を擁護しながら占領軍と米国におもねる主張を、一九四五年の一一月、日本で本格的に世論調査が始まる頃に出しているのです。

『政界ジープ』対『真相』、二木秀雄の『医学のとびら』

金沢の『輿論』がある程度売れたのか、翌一九四六年八月から東京に出て始めたのが『政界ジープ』という時局雑誌です。公称一〇万部、実際は五万部ほどで、一〇年間続きます。

当時、もう一つ似たような、やっぱり一〇年間続いてだいたい毎号五万～一〇万部売れていた時局雑誌に『真相』がありました。これは、左派のスキャンダル雑誌です。これに対して、『政界ジープ』は、GHQの意向を宣伝する右派のスキャンダル・ゴシップ雑誌であり、それを七三一部隊関係者が作っていたのです。

両誌の違いは、今で言えば『週刊現代』と『週刊新潮』くらいと言ったらいいでしょうか。どちらも嘘や噂を交えたいろんなゴシップ報道をしているわけですが、普通の新聞や『中央公

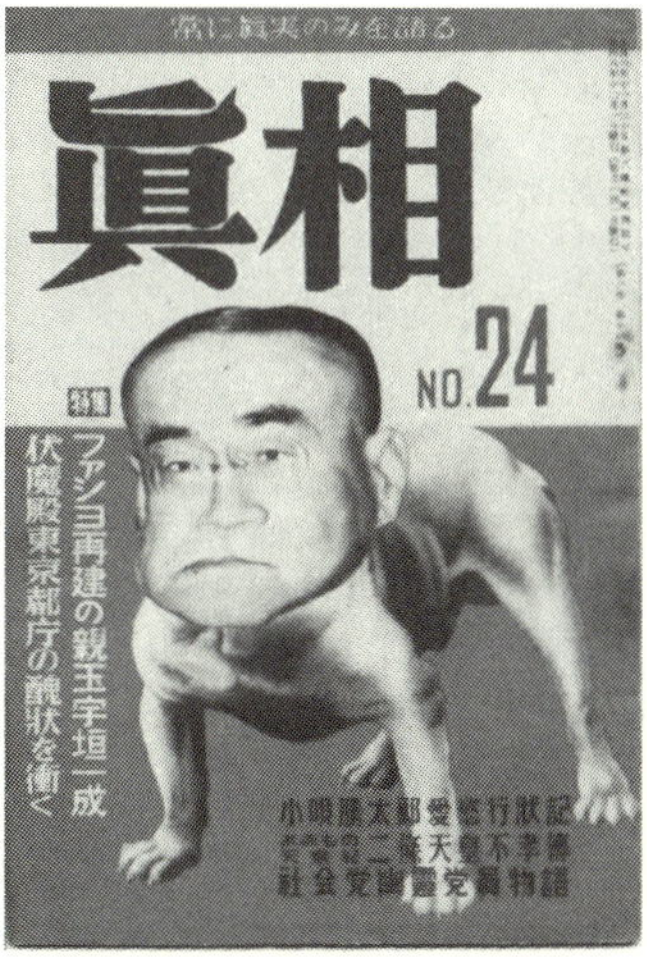

『真相』24 号（1948 年 12 月）

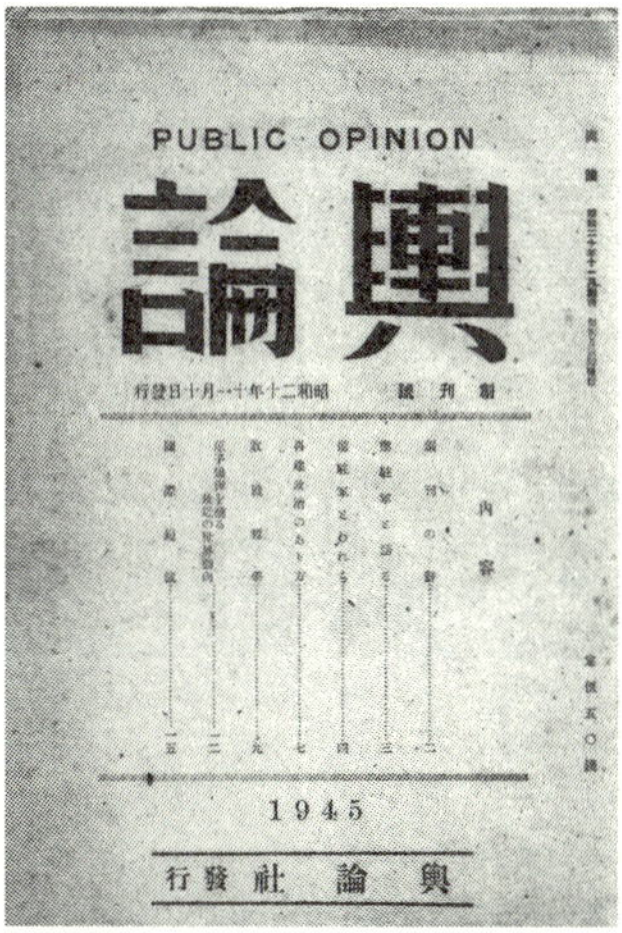

『輿論』創刊号（1945 年 11 月 10 日）

論』、月刊『文藝春秋』には出てこない情報が出ているという意味で、便利な雑誌です。嘘や噂がいろいろある中で、真実や貴重情報も含まれている大衆政治雑誌です。

そこに目をつけて、つまり、知識人とか学者が言っていることよりも、「これからは、庶民の輿論が大切だ」「輿論を作るにはこういう報道が必要だ」という方針で雑誌の刊行を始めたのが、この二木秀雄という男の、機を見るに敏なところです。

そればかりではありません。彼は『輿論』と『政界ジープ』のほかに、一九四九年から『医学のとびら』という雑誌を出します。

『医学のとびら』（初期は『とびら』）は、厚生省医務局監修・二木秀雄編集・発行となっています。要するに、公称一〇万部の時局雑誌『政界ジープ』で儲けたお金で、医

『とびら』第１巻第３号（1949 年）

師・医学生向けの雑誌を作って、七三一部隊の関係者、自分自身のほかに、後の金沢大学医学部長石川太刀雄や、東京大学の緒方富雄などの論文を載せて、厚生省・医学界の中にも食い込んでいくのです。

その雑誌『医学のとびら』の後ろの方は、ほとんどが薬品会社と医療機器会社の広告で、あとは銀行・保険会社などです。要するに、医薬業界に取り入ってお金を儲け、それで七三一部隊の供養塔「精魂塔」や幹部同窓会「精魂会」をつくったのです。

ＧＨＱ公衆衛生福祉局（ＰＨＷ）サムス准将の七三一部隊出身者登用

七三一部隊の戦犯調査・免責に、マッカーサーは直接には関係していないのですが、Ｇ２の情報将校ウィロビー将軍は、確実に関わっています。

ここで注意すべきは、七三一部隊の隠蔽・免責・復権と、ＧＨＱ・ＰＨＷ（公衆衛生福祉局＝Public Health and Welfare Section）、特にその最高指導者サムス准将との関係です。つまり占領軍の「公衆衛生福祉局」部門が、二木秀雄その他七三一医学関係者が、ＧＨＱに登用され復権する重要な入り口になったということです。

戦後すぐに連合軍が占領にやってきた日本は、伝染病が蔓延し、結核も死亡率が世界一位で、不衛生な国でした。とはいえ米軍は、何も日本人の健康のためにPHWを置いたわけではないのです。占領する四〇万人近い米軍兵士の健康と生命を守るために、まずは日本人の伝染病・感染症を退治しなくてはいけない。そこで「DDT革命」でノミやシラミを駆除し、蚊をなくし、結核の予防接種、赤痢その他伝染病を日本からなくす衛生政策を実行しました。

サムス准将は、米軍軍医の最高位にある人ですが、確かに生活保護法をつくるとか、医療制度を改革するとか、日本の民主化にも大いに貢献していて、今日の医学史関連の研究では「医療民主化の父」「日本の福祉の父」と、高く評価されています。

しかし前述のように、サムスのやったことは、あくまで米軍兵士の健康を守るために、伝染病をなくさなければいけない。その目的で、日本人を利用するということです。

そのために、日本の病気に詳しい医学者・医師ら専門家の力を借りなくてはいけない。そこで、当時の日本医学の最先端だった元七三一部隊の医師・医学者たちが動員されるのです。陸軍防疫給水部と関係の深かった東京大学の伝染病研究所が中心で、そこからワクチンを作る予防衛生研究所が分かれ、現在の国立感染症研究所になっていく。

広島・長崎のABCC（原爆傷害調査委員会）も、サムス准将の指揮下にありました。原爆の被害は膨大ですから、アメリカ人軍医だけで調べるわけにはいきません。日本人の医師・医学者の中でも最も優秀な人たちが、広島、長崎の現地調査に連れて行かれました。彼らは、被爆者の治療はしないで医学データを取り、そのデータがワシントンに送られたのです。

この中に、七三一部隊関係者が多数含まれていました。彼らが、PHWの指導する厚生省のさまざまな委員になり、その後の日本の医学界で偉くなっていくのです。

朝鮮戦争が勃発すると、サムス准将は、在日米軍細菌戦部隊をもとに、マッカーサーの命令で、「朝鮮半島でソ連や中国が細菌戦をやっているのではないか」という疑惑を検証しに朝鮮へ出かけます。ただし、報告書では「細菌戦ではなく、普通の伝染病だ」とまとめています。

サムス准将はアメリカ帰国後に自伝を書き、占領史研究で有名な竹前栄治さんが訳していまず。クロフォード・F・サムス著、竹前栄治訳『GHQサムス准将の改革――戦後日本の医療福祉政策の原点』（桐書店、二〇〇七年）という本です（竹前栄治訳『DDT革命――占領期の医療福祉政策を回想する』岩波書店、一九八六年の改訂版）。

竹前さんは、どちらかというと好意的に書いているのですが、実は、いろいろ調べると、サムスは大いに問題がある軍人です。彼は軍医として優秀で最高の地位にあり、アメリカ軍の若い兵士の健康を守るために、軍務として、日本人にも健康と福祉を与えたのです。

二木秀雄とサムスの直接の関係はまだ見つかっていませんが、GHQとPHWにおける細菌戦や七三一部隊関係者との関係を見ておくことが重要です。

ミドリ十字の前身「日本ブラッドバンク」の設立

二木秀雄に関して重要なのは、朝鮮戦争前夜、一九五〇年に、内藤良一と共に血液銀行「日本ブラッドバンク」を作ることです。これは、薬害エイズのミドリ十字の前身です。

内藤良一という七三一関係者がいます。彼は京大医学部の石井四郎の後輩で、東京の陸軍軍医学校の防疫研究の責任者でした。アメリカに留学して英語がペラペラだったものですから、米軍と七三一部隊の間を、通訳兼免責交渉役としてつないだ男です。

同時に内藤良一は、戦後に米軍G２（諜報部）のウィロビー将軍によって重用された、旧陸軍参謀本部出身の有末精三、服部卓四郎などの諜報関係の旧軍人とつながっていました。内藤良一は彼らと一緒になって、米軍との取引、つまり「人体実験・細菌戦データを提供するから極東国際軍事裁判（東京裁判）にかけるな」という交渉を成し遂げるのです。

二木秀雄は、その内藤良一、および七三一部隊に医療・実験機器を納めていた日本特殊工業社長の宮本光一と三人で日本ブラッドバンクをつくり、初代取締役にして大株主となります。一九五〇年には朝鮮戦争が勃発し、日本にいたアメリ軍兵士がどんどん朝鮮に出ていく。彼らが負傷して帰ってきた時に、輸血しなくてはいけない。その輸血用剤を提供するのが、この日本ブラッドバンク、血液銀行の役割です。

この会社が朝鮮戦争で大儲けし、社長の内藤が、元隊長の北野政次ら七三一部隊の残党を一〇人近く組み込み、それが一九六四年にはミドリ十字という名前の大企業になって、八〇年代に薬害エイズ事件を引き起こすのです。

ただし、二木はその後一九五六年に、「政界ジープ事件」という、当時戦後最大の総会屋風恐喝事件を起こしました。それで捕まって起訴され、転落します。自分の創設した日本ブラッドバンクや七三一戦友会「精魂会」でも、表舞台からは撤退します。高度成長期はずっと刑事裁判の被告で、一九六九年に懲役三年の実刑が最高裁で確定しました。

晩年は日本イスラム教団を設立し総裁に

しかし、服役後に町医者に戻っても、どっこい懲りないのが、この男の「七三一魂」です。三年の刑期を終えた一九七四年末になると、新宿の歌舞伎町の新宿区役所そばに「ロイヤルクリニック」という二四時間営業の病院を開業します。もともと梅毒研究の医学博士ですから、夜の女性たちを相手にした病院で、これが大繁盛でした。しかも彼はなぜか患者たちを、イスラム教徒にするのです。

一九七四年一二月というのは、前年に石油危機が起こって、日本に石油が来なくなって大変だった時期です。この二木という男は、素早く時局を読むのです。

「これからはアラブと結び付かなくてはいけない」と、自らイスラム教に入信し、石油利権に食い込みます。実際中東を訪れ、サダム・フセインに会ったり、国際イスラム会議を東京で開いたりする。それで、アメリカやヨーロッパには石油を出さないけれども、日本にだけは輸出するという国が出てきます。そうやって二木は自民党からも重宝がられて、党機関誌『自由民主』にも登場します。

二木が創設した「日本イスラム教団」というのは、いわば新興宗教です。もともと日本のイスラム教徒のためには「日本ムスリム協会」が存在して、代々木にちゃんとしたモスクがあるのです。そこで彼も洗礼を受けた上で、自分の教団、日本イスラム教団を作り、自ら総裁となります。病院の患者の夜の女たちを中心に、最大時公称五万人を信徒にして、独自の教義を持つ日本イスラム教団を名乗りました。

二木秀雄の大乗イスラムとは？

二木の石油危機にあわせたイスラム教入信ですが、二木が総裁をつとめた日本イスラム教団の教義が面白いのです。二木は「大乗イスラム」と言っていますが、「アラーの他に神はなし」「ムハンマド（マホメット）は預言者である」、この二つの呪文さえ覚えて暗唱できれば、誰もがイスラム教徒になれる、という教えです。

要するに「難しいことはない」「とにかく、アラーを信じれば、お前はイスラム教徒だ」と言って、それまでのコーランをしっかり学ばなければいけない日本ムスリム協会に対抗し、信徒を増やします。

しかし、二木の本当の狙いは石油利権でした。財界・官界とは占領期から裏世界でつながっていましたから、アラブ産油国から莫大な利益を獲得するのに役立ちました。自民党に近い雑誌『自由』一九八一年七月号に「イスラム復権への私見――日本人ムスリムとして考える」という論説を書きます。元七三一部隊、恐喝事件主犯の前歴は隠して、「自分は日本の真のイスラム教の代表だ。サダム・フセインにも会ってきた」という話を、堂々と一般雑誌に書くようになるのです。

二木秀雄の話は、キリがないほど興味深いのですが、要するに、この三つの雑誌、『輿論』『政界ジープ』『医学のとびら』と血液銀行創設がポイントで、実質的に七三一部隊の免責・復権の環境作り、広報誌的役割を果たし、七三一部隊元隊員の慰霊塔「精魂塔」や「精魂会」という旧幹部を再結集する戦友会の土台を作るのです。

医学的成果の米軍への売り込み

まとめますと、二木秀雄は、もともと梅毒研究の医学博士でした。彼は、七三一部隊企画課長として、関東軍との作戦連絡を仕事とした。同時に、結核・梅毒班の班長として人体実験も実行する。金沢ではその隠蔽工作に携わるが、その後はＧＨＱに取り入って、実験データを提供することで取引し、免責工作に加わります。

米軍に関東軍防疫給水部の存在が知られ、隠蔽しきれないとなると、今度は人体実験をしたことと、細菌（ペスト菌）を実際にばらまいたことだけは言わない。その代わり、ちゃんとした基礎的科学研究・医学研究をやっていたと米軍に売り込む。科学の成果、医学的データを売ろうとする。――これが石井四郎と七三一部隊の、戦後生き残り戦略でした。

その交渉の中心になったのが石井四郎と内藤良一で、それに二木秀雄が寄生する。『輿論』という雑誌を出して、占領軍におもねる。日本医学の成果として積極的に米軍にデータを売り込んで、免責から復権を遂げる。それに合わせて、彼の出している雑誌『政界ジープ』の論調も、米軍には一貫して忠実なのですが、ちょうど「逆コース」の時代に変わっていく。当初の民主化・科学技術立国から、ゾルゲ事件は赤色スパイ事件だったとか、左派の『真相』批判、ソ連批判に変わっていくのです。

『悪魔の飽食』発刊以降の二木秀雄

日本イスラム教団最盛期の一九八一年に、推理作家森村誠一の『悪魔の飽食』が刊行され、ベストセラーになります。

一九八一年は、七三一部隊研究では重要な年です。『悪魔の飽食』が出て、ほぼ同時に神奈川大学の常石敬一教授の学術書『消えた細菌戦部隊――関東軍第七三一部隊』（海鳴社）が出ます。アメリカでも、同年のジョン・パウエル論文から、本格的な七三一部隊研究が始まります。

ちょうど二木秀雄は、日本イスラム教団の総裁として脚光を浴びたところで、七三一部隊での経歴が暴露されます。森村誠一の本にも二木秀雄の名前は出てきますが、彼はすべてのインタビューを拒否したようです。新宿のロイヤルクリニックまで森村さんは行ったようですが、残念ながら、何の証言も取れなかったとのことです。

私の『「飽食した悪魔」の戦後』は、この研究上の空白を埋めたものです。

四　七三一部隊柄沢十三夫と近衛文隆のソ連抑留同時死

近衛文隆の抑留死に米軍が注目

この章では、ゾルゲ事件や七三一部隊の問題が、どのようにシベリア抑留とつながっているか、そして、近衛文麿公爵の長男・文隆について記していきます。

近衛文麿は、ゾルゲ事件が起こった当時の総理大臣です。ゾルゲの逮捕された一九四一年一〇月一八日に東條英機が首相となり、一二月には日米戦争が始まります。近衛文麿は大政翼賛会を設立し、大東亜共栄圏建設を掲げ、日独伊三国軍事同盟や日ソ中立条約を締結した、現代史上の重要な政治家と言えるでしょう。

その長男で爵位継承権者が、近衛文隆でした。五摂家の筆頭、公爵家の跡取りとして生まれた彼は、一九四五年八月当時、ソ連と満州国の国境近く、図們の部隊に砲兵中尉として配属されていました。彼はそこで捕まって抑留されます。

おおむねシベリア抑留者は一九五〇年までに日本へ帰国するのですが、なぜかその後も近衛

近衛文隆、官邸にて（1938年）、近衛正子編『近衛文隆追悼集』（陽明文庫、1959年）、4頁

文隆はシベリアに引き留められます。彼は、戦争捕虜（prisoners of war＝POW）ではなく、戦犯（war criminal）扱いだったのです。

　普通、ソ連の日本軍戦犯というのは将官クラスで、一九五〇年頃に五〇歳から六〇歳代の人、または憲兵隊や特務機関員が多いのですけれど、彼は一九一五年生まれで、まだ三〇代なのに、なぜか一九五一年末に戦犯に指定され、重刑で服役しました。

　ソ連が一九四九年末に開いた「ハバロフスク裁判」で罪に問われた七三一部隊の被告たちも、一九五六年秋の日ソ国交回復の頃は、近衛文隆と同じイヴァノヴォ収容所に入れられていました。そこで近衛文隆は、元七三一部隊の医師たちの目前で、戦犯医師である柄沢十三夫とほぼ同時に不審死を遂げるのです。

　これに注目したのがアメリカ軍です。七三一部隊のソ連側戦犯と、この近衛文麿の息子が、一体どのように結びつくかを監視していた記録を、二〇一五年の夏休みにアメリカ国立公文書館で発見したので、そのことについても後述します。

シベリア抑留の基本的な性格

シベリア抑留については、膨大な記録・回想・研究があります。「抑留」(internment)という言葉を使っているのはほとんど日本側資料で、基本的にはPOW(戦争捕虜)というのが、ソ連はもとよりアメリカやドイツの扱いです。

抑留の基本的性格を、私は、ソ連の戦後復興のための奴隷労働力として留め置かれたと分析しています。私は、旧ソ連のスターリン粛清とシベリア抑留の関連を研究しているのですが、わかりやすいのは、ソルジェニーツィンの『収容者群島』(新潮文庫)という本です。その中に「収容所地図」が出てきます。一九三〇年代に粛清されたロシア人たちが、いかに収容所で苦しい目にあったかが、地図で描かれています。

その地図と、日本の抑留帰りの人たちが作った、日本人はこんな所に抑留されていたという記録を重ね合わせますと、場所はほとんど同じです。つまり、一九三〇年代にソ連がスターリンの反対者を抑圧するために作った強制収容所(グラーク)を改装・増築する形で、日本人捕虜や戦争捕虜の外国人収容所が作られたことがわかります。

日本では忘れられがちですが、一番戦争捕虜が多いのはドイツです。ドイツは一九四一年からソ連と戦争していましたから、圧倒的に多い。しかもドイツは、ソ連軍の兵士三〇〇万人以上を、ナチスの収容所で強制労働に使っていた。それに対する報復として、スターリンはドイツ人二四〇万人を捕虜にして収容所に入れています。これは日本人の六倍です。その他にもハンガリー人五〇万人、中国人も一万二〇〇〇人、朝鮮人も八〇〇〇人ぐらいという試算があります（元朝日新聞記者の白井久也さんの本『検証　シベリア抑留』平凡社新書、二〇一〇年、による）。全体的に見れば、二四ヵ国の四二〇万人が、ソ連の戦争捕虜、いわゆる抑留者なのです。

ドイツ人・ハンガリー人捕虜はウラル以西に多く、日本人はシベリア等ウラル以東に多いので「シベリア抑留」と呼ばれますが、この分け方は厳密ではなく、多くが他国人と重なります。日本人抑留者の回想や手記を見ても、だいたい収容所には日本人だけではなくて、ドイツ人や他の国の人たちもいたと記録されている。抑留問題を考えるには、実はドイツと日本の比較が重要になってきます。

収容所に残された戦犯と近衛文隆

旧ソ連のいわゆる抑留者、戦争捕虜の扱いは、日本に対してもドイツに対しても基本的に同じで、彼らはほぼ一九五〇年までに帰国することができました。つまり、ポツダム宣言によって条件が整い次第祖国に帰すとされていた人たちを、ソ連は三年から五年引き伸ばして、戦後復興のための奴隷労働力にしていたのです。本来ソ連政府は連合国の一員として、捕虜にも人権を認め、帰国させなければならなかったのです。

ただし、戦争犯罪に問われた人たちは、扱いが別です。彼らは犯罪容疑者ですので、そのまま留め置かれます。一九五五年時点で、日本人は二三七八人いたということになっています。

V・A・アルハンゲリスキーというロシア人による『プリンス近衛殺人事件』（新潮社、二〇〇〇年）という本によれば、戦犯のうち、将官二四人や関東軍の大将などが目立つ中、元首相の息子の近衛文隆が一緒にいた、と記録にあります。鳩山内閣で一九五六年一〇月に日ソ交渉がまとまって、ようやく日本が国連に復帰できる時に、最高矯正労働二五年だった彼らも、恩赦という形で日本へ帰ってくることになりました。

その後何人かはソ連に残るのですが、基本的に戦犯であった人も、五六年一二月までに日本に帰国することになる。その、最後の帰還予定者リストに、近衛文麿の息子・文隆の名前も入っていたのです。

米陸軍プロジェクト・スティッチ（縫い物作戦）によるソ連スパイ摘出

シベリア抑留でよく知られているのは、ドイツ人捕虜も同じですけれども、抑留地の収容所で反ファシズム委員会が作られ、民主運動が行なわれたことです。『日本新聞』が配られて、「これからは共産主義の時代だ」と宣伝して、ソ連と共産主義に対して忠誠を誓わせました。

ソ連側は「ダモイ」（早期帰国）を餌にして、「日本に帰ったら、ソ連に対して忠誠を誓い、ソ連側から何らかの要請があったらそれに従います」「スターリン万歳」という忠誠誓約をさせました。早く日本に帰りたいので、それを書いて帰ってきた人たちがいます。

中には、帰国船で舞鶴港に上陸し、そのまま日本共産党本部までデモした例もありましたし、板垣征四郎陸軍大将の息子が、抑留中に思想改造され、共産党に入ったりしました。一九四九年がピークですが、それはよく知られています。

同時にアメリカ側も、ソ連の思想工作・スパイ育成の動きを知って警戒しています。日本を占領しているのは連合国ですが、基本的にはマッカーサー指揮下の米国軍です。米国軍人たちが、帰国船がやってくる舞鶴と函館に出向いて、帰還者が日本に上陸する前に最初に接見しました。

GHQの日系二世などCIC（対敵諜報部隊）兵士が面接官となり、そこで帰還者は尋問を受けることになります。「お前はソ連でどんなことをやってきたか」「ソ連側から何らかの働きかけがなかったか」「働きかけに対してどうしたか、どう応えたか」、ポリグラフ（ウソ発見器）まで使って、ソ連のスパイであるかどうかをチェックされる。シベリア抑留からの帰国者が最初に受けたのは、米国側のスパイ尋問でした。

そこでちょっとでもソ連で「働きかけられた」と答えると、アメリカ軍は、それで捕まえるのではないのです。「よし、わかった。ソ連側から働きかけがあったら、ぜひCICに連絡してくれ」と言う。要するに、今度は彼らをソ連側の情報をとる二重スパイにすることが、アメリカ軍の狙いなのです。

この種の尋問が、おそらく数千人に対して、組織的に行なわれました。これは実はドイツでも同じで、独日合わせて数万人の尋問記録がアメリカ本国に送られました。これを「プロジェクト・スティッチ」（Project Stitch　縫い物作戦）と言うのですが、ソ連スパイの摘発と、二重スパイ作りが目的の作戦だったのです。

米空軍プロジェクト・リンガー（絞り作戦）による「人間ＧＰＳ」

もう一つ、アメリカ空軍が主導した作戦があります。

米軍尋問を受けた回想・自伝は多く刊行されています。慶応大学の小熊英二さんが、抑留者であったお父さんの聞き取りをした『生きて帰ってきた男――ある日本兵の戦争と戦後』（岩波新書、二〇一五年）など多くの記録にも出てきますが、幸い生きて帰国した途端に、尋問を舞鶴で受けただけではなく、故郷に帰って家族と再会してほっとしたところで、また呼び出され、尋問されたという例があります。故郷では、都道府県庁所在地のＣＩＣ事務所に呼ばれることが多いのですが、これはアメリカ陸軍ではなく、空軍の作戦です。これもドイツと同じで、「プロジェクト・リンガー」（Project Wringer　絞り作戦）といいます。

そこで何を聞かれるかというと、「お前がソ連から声をかけられたのはわかっている。それは、誰にも言わないから安心しろ」などと言いながら、「お前のいた収容所のそばに港はあったか、飛行場はあったか、鉱山の様子はどうか、大きな目印になる建物は何か」等々と聞くわけです。政治的なことはほとんど聞かないで、地理情報を詳しく聞き出す。時には地図・見取り図をスケッチさせるのです。

米国国立公文書館には、ドイツ人数十万人、日本人からも一万人近くの聞き取り記録が残されています。これらの尋問調書を、私は「人間GPS」と呼んでいるのですが、彼らの証言を重ね合わせていくと、ソ連と中国大陸と朝鮮半島の立体的な地図、兵要地誌ができあがるのです。

GHQのG2には地理課（ジオグラフィカル・セクション）という専門のセクションがありました。有末精三、服部卓四郎、河辺虎四郎ら旧参謀本部の情報将校が使われ、ソ連スパイの他、戦犯容疑者や公職追放、ソ連・共産党情報が分析されたG2歴史課についてはある程度知られていますが、このG2地理課の方は、ほとんど知られていません。これについては『産経新聞』（二〇一〇年一一月二五日付）の「GHQ傘下に『山崎機関』 旧日本軍将校が『戦略地図』作成」というスクープが、ほとんど唯一の報道です。

警視庁公安部が作成したラストボロフ事件の極秘資料には、在日ソ連大使館の諜報員であったラストボロフが米国CIAに保護されてソ連エージェントと名指した三六人の日本人中で、菅原道太郎と志位正二がGHQ地理課で地図作りに携わった、と出てきます。

この地図作りはアメリカにとっては極めて重要で、来たるべき第三次世界戦争の戦略爆撃の候補地はここだ、潜水艦が潜れるのはこの湾のどこまでだ、といった地政学的データを集めていたのです。質問に答える日本人帰還者は、そのデータが何に使われるかは知らないで、「今日はあんまり政治のことは聞かれないで、収容所の周りの景色のことだったよ」などと家族にも話していました。それら聞き取りデータが、G2地理課からアメリカに送られて、空軍の白地図の中に一つ一つ落とされていくのです。

こういうことが行なわれていた時期は、だいたい一九四六年から五二年、朝鮮戦争の時が最高潮です。つまり、シベリア抑留帰還者は、ドイツ人捕虜に準じて、米国陸軍・空軍の対ソ作戦、第三次世界大戦準備に協力させられたのです。

戦争捕虜抑留補償、ドイツと日本の相違

ただし、西ドイツの場合は、一九五四年に「旧戦争捕虜ドイツ人の補償に関する法律」という国内法ができました。帰還者は、政府と米軍の立ち会いのもとで、日本でやられたような尋問を受けたのですが、それがそのまま戦後の国家補償に結びつきました。ソ連で軍事捕虜になったのはドイツ軍兵士としてですから、その間は兵役期間として認めるということで、西ドイツ国家によって補償されたのです。

ところが、なぜか日本では、シベリア抑留帰還者の人たちは、ようやく日本に帰ってきても「あいつはアカになったのではないか」と言われて、近所で陰口される、就職もうまくいかないという目に遭わされるのです。本来は、日本政府が国として認めて補償しなければならなかったのですが、それがなされたのは、なんと二〇一〇年のことです。

二〇一〇年に、「戦後強制抑留者に係る問題に関する特別措置法」、シベリア特措法がようやく作られますが、その対象は、旧シベリア抑留者の生き残った人たち、もう八〇歳から九〇歳の人たちです。この人たちに対して、抑留期間に応じて二五万円から一五〇万円を一時金で支払うという法律ができて、ようやく、シベリア抑留帰還者の人たちは名誉を回復され市民権を得るかたちになる。ドイツに比べれば、非常に厳しい扱いだったのです。

科学者・技術者の特別扱い――米軍アルゾス作戦・ペーパークリップ作戦

戦争捕虜全体の中で、大きな例外になったのが、科学者・技術者たちです。

第二次世界大戦の終結時、原爆開発を進めた「マンハッタン計画」の中には、米英軍が他国の原爆開発・科学技術情報を収集する「アルゾス」という特別部隊の作戦がありました。これは、ナチス・ドイツの原爆開発の状況を探るとともに、最新軍事情報――例えばV２ロケットとか潜水艦Uボートとか、そういうアメリカにとって喉から手が出るような軍事技術と技術者をドイツから奪う、ソ連が入ってくる前に米英が獲得することを目的にした秘密作戦です。

その代わり、貴重な軍事科学情報を米英に提供したものは免責、つまり戦犯に訴追しない。それどころか、アメリカに連れて行って贅沢な研究環境のもとで、好きな研究をやらせて、それをアメリカのために役立てる。こういう作戦が、戦時中から始まっていました。

ドイツは一九四五年四月末には敗戦が決まり、ヒトラーは自殺する。アメリカが、この「アルゾス作戦」をどのような名目で継続したかというと、枢軸国のドイツは敗れたものの、日本がまだ残っている、日本との最終戦争に勝利するためにドイツの高度な軍事技術が必要だ、日本軍の技術はだいたいドイツの影響で作られている――。このような口実で、ドイツ人の科学者・技術者一六〇〇人をアメリカに連れて行ったのです。そして、もともと対独戦のために始められた原爆開発を完成するために、広島・長崎に原爆を投下しました。

米英に投降したドイツの科学者・技術者たちは、戦犯にならないで、むしろその後の核開発や、V2ロケットの延長上でのミサイル開発に携わります。彼らの研究は、生物化学兵器、細菌戦技術の開発にも使われて、朝鮮戦争やベトナム戦争で実戦に使われました。これはCIAの管轄で、「ペーパークリップ作戦」という名称です。

すぐれた科学者・技術者は、ニュルンベルク裁判にかけないで、アメリカへの亡命を認められたのでドイツに戻らないで、研究開発を仕事にしました。ヒトラーのためにV2ロケットを開発したブラウン博士は、アメリカに渡って「ミサイルの父」「宇宙開発の父」になります。

ソ連も、同じようなことを狙っていました。ドイツ人捕虜の中の優秀な科学者・技術者数百人は、ソ連の原爆開発に動員されました。彼らが、カザフスタン等々の地図にない秘密都市でつかわれた記録も見つかっています。危険なウラン鉱採掘にも、ドイツ人など外国人軍事捕虜がつかわれました。

私は、七三一部隊の石井四郎や二木秀雄ら人体実験・細菌戦を行なった医師たちの極東国際軍事裁判不訴追・免責も、大きくは、米ソ科学技術争奪戦の一環だったと考えています。

以上をまとめると、米軍の抑留帰還者に対する作戦には二つあって、一つは、陸軍の「プロジェクト・スティッチ」（縫い物作戦）、もう一つは、「人間GPS」というべき空軍の「プロジェクト・リンガー」（絞り作戦）です。

日本占領では、G2ウィロビー将軍傘下の歴史課と「キャノン機関」によるスパイ摘発・二重スパイ育成の謀略はよく知られていますが、G2地理課でソ連の地図を作っていたことは、あまり知られていませんが重要です。

朝鮮戦争時「第二のソルゲ・スパイ団」を想定した米国

スパイ摘発「プロジェクト・スティッチ」の成果は、元時事通信ワシントン支局長で現拓殖大学教授の名越健郎さんが、私より早くその総括記録を調べて、概要を割り出しました。

米国国立公文書館の記録によると、ソ連スパイ三五二人が舞鶴での尋問で見つかり、うち一三八人が、自分はソ連に対して忠誠を誓ってきたと告白し、そのうち三二人は、実際に帰国後にソ連から働きかけを受けた、と認めています（名越「GHQ全土でソ連スパイ狩り」『時事解説』二〇〇一年一〇月九日）。

朝鮮戦争から一九五〇年代になりますと、アメリカ側は、抑留帰還者の尋問記録にもとづいて、日本には「第二のソルゲ・スパイ団」が存在すると見なすようになります。つまりアメリカは、戦後の日本でソ連が戦時中のゾルゲ・尾崎らよりももっと大きなスパイ団をつくっていると考えて、実際約二〇〇人の容疑者の名前を挙げて、「伊藤雅夫」という樺太出身の抑留帰還者を中心としたスパイ団がある、とでっち上げようとしました。

これについては、二〇一四年秋、ゾルゲ事件の第八回東京国際シンポジウムで私が報告し、ウェブ上にも発表しましたので、ここでは省略いたします（日露歴史研究センター『ゾルゲ事件関係外国語文献翻訳集』第四二号、二〇一五年）。

ハバロフスク裁判からラストボロフ事件へ

ソ連の抑留者工作・諜報活動が実際に明るみに出たのは、ラストボロフ事件です。これは一九五四年に、在日ソ連大使館員でＫＧＢスパイのラストボロフが、ＣＩＡの手引きでアメリカに亡命した事件のことです。

そのときラストボロフが明らかにしたのは、「日本人エージェントを少なくとも三六人使っていた」ということで、この三六人の名前と経歴が、警視庁公安部の極秘報告（一九六九年）に収められています。その半数近くがシベリア抑留帰りでした。ラストボロフの証言にもとづくその秘密報告書をもとに、三好徹、松本清張、檜山良昭と、三人もの推理作家が小説を書いています。

このラストボロフ証言によって、外務省の役人の中に、高毛礼茂、庄司宏、日暮信則、志位正二と四人ものソ連スパイがいたことが明らかになりました。しかし証拠不十分で、だいたい皆不起訴となる。しかも日暮は、取り調べ中に警視庁の窓から飛び降りて自殺してしまい、真相がうやむやになってしまう。しかし、捜査記録そのものは残されているのです。

こうした米ソのスパイ合戦を調べていくと、一九四九年末にソ連で行われた七三一部隊についてのハバロフスク裁判が重要になってきます。当初のソ連の告発は、極東国際軍事裁判の国際検察局（ＩＰＳ）で米英により石井四郎らの訴追が拒否され、ハバロフスク裁判の判決も、ソ連の自白強制によるでっち上げと見なされました。

当時のソ連のやり方も問題です。戦争捕虜である抑留者の帰国船の遅れを米英から指摘されると、「日本人はこんな細菌戦や人体実験をやったのだから、石井四郎と共に最高責任者の昭和天皇も戦犯だ」と、ソ連も加わった極東国際軍事裁判で結審した問題を、朝鮮戦争の直前に蒸し返します。明らかに、東西冷戦の一環です。

アメリカやイギリスは、連合国の極東国際軍事裁判が終わったことを理由に、七三一部隊の調査自体を拒否しました。けれどもソ連崩壊後に、ハバロフスク裁判にいたる被告・証人の尋問記録の現物が出てきて、公開裁判での七三一部隊関係者の証言は、おおむね事実であったことがわかったのです。

二〇一七年夏に放映されたＮＨＫスペシャル「７３１部隊の真実――エリート医学者と人体実験」は、その証言を、音声データと映像で補足するものでした（第Ⅱ部、参照）。

一九五〇年当時、ハバロフスク裁判について一番よく報道したのは、先ほどみた『政界ジープ』や『真相』などの大衆時局雑誌、バクロ雑誌です。時事通信が出していた『レポート』という情報雑誌の一九五〇年三月号も、大きく特集しています。しかし朝日・毎日・読売など大新聞には、ほとんど出てこない。アメリカ政府とGHQが、裁判そのものをソ連のでっち上げであると否定したという話は記事になっていますが、小さな扱いです。

ハバロフスク裁判で被告になったのは、山田乙三関東軍司令官・大将、梶塚隆二軍医部長・軍医中将以下の一二人です。このうちの川島清軍医少将、柄沢十三夫軍医少佐、西俊英軍医中佐という三人の七三一部隊の幹部が一番詳しく供述し、人体実験の模様や、細菌爆弾の作り方、実際にどう撒いたかなども語りました。

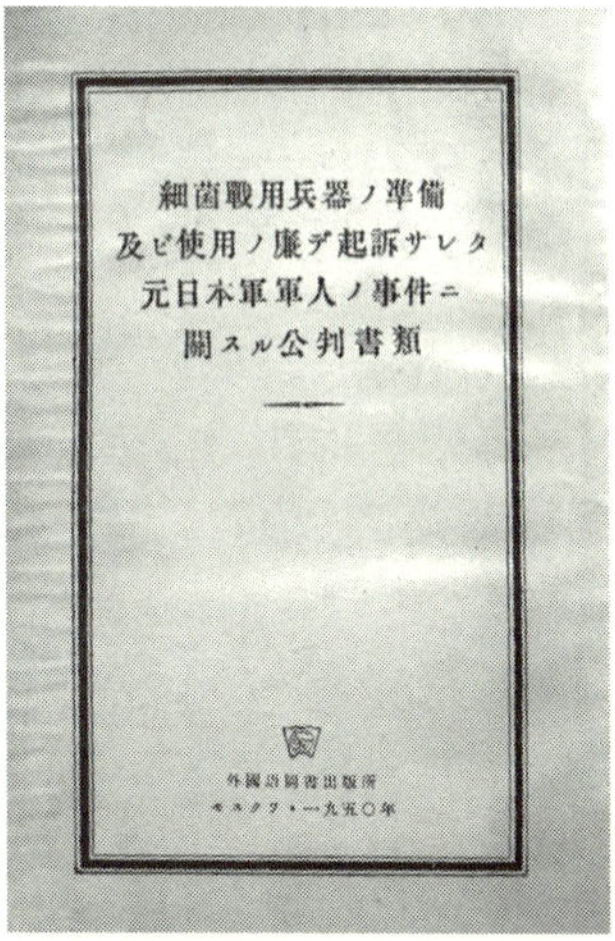

『細菌戦用兵器ノ準備及ビ使用ノ廉デ起訴サレタ元日本軍軍人ノ事件ニ関スル公判書類』

今日、主な被害者である中国側は、どこに細菌がばらまかれ、どんな被害が出たかを調査する際に、この時のソ連の裁判記録――一九五〇年にモスクワで日本語ほかに訳された『細菌戦用兵器ノ準備及ビ使用ノ廉デ起訴サレタ元日本軍軍人ノ事件ニ関スル公判書類』を参考にしています。米ソ冷戦下のモスクワで、当時七ヵ国語で刊行され、日本語版は幾度か復刻版も出ています。

ハバロフスク裁判被告・七三一部隊柄沢十三夫医師の抑留死

裁判で詳しい供述を残した三人の内の一人、柄沢十三夫という医師は、ソ連に抑留中であっても、米国側の監視対象であった一人でした。柄沢十三夫は、ソ連での裁判で日本軍の暗部を正直に全部話したのです。医師としてはなかなか優秀で、真面目な人間だったようです。

柄沢十三夫（中央）『関東軍第七三一部隊罪証図録』（五洲伝播出版社、2015 年）、36 頁

ただ、七三一部隊のようなところでは、真面目な科学者こそ怖いのです。例えば、柄沢ではないのですが、七三一部隊の医師の手記を読むと、「私は、確かに憲兵隊が連れてきた抗日戦の中国人捕虜を人体実験に使った。しかし彼らは、どうせ死刑になるはずだった。その死刑になるはずだった人間を、最後に人類全体のために役立てるために使った」などと言う。つまり、「自分らは、科学技術発展のためのデータとして、マルタを使ってあげた」ということを堂々と真剣に話す医師が出てくるのです。

それに対して柄沢十三夫は、ハバロフスク裁判で、真摯に反省したようです。公判記録や音声テープから抽出すると、彼の人柄がわかります。

「私は具体的に左の点に於て有罪と認めます。私は長期に亘り、即ち一九三九年十二月より一九四四年八月に至る間、犯罪団体たる第七三一部隊に勤務しました。即ち最初は平隊員として勤務し、次いで班長となり、更に一九四二年の末又は一九四三年の始めより同部隊第四部（製造部）の課長として勤務したのであります。……私の指導せる班長及び課は、実地使用の為必要に応じて腸チブス菌、パラチブス菌、コレラ菌、ペスト菌及び炭疽菌を大量に培養しました。例えば、安達駅の第七三一部隊特設実験場に於て野外条件下に於ける細菌使用の試験を実施する為、又中国人民に対する戦争に細菌兵器として細菌を実地に使用する為に、之を培養したのであります。……細菌専門医たる私は、細菌の大量生産に当り、其の細菌が人間を殺害する為のものである事を知って居ました。併しながら当時私は、其の事が日本軍将校の義務概念として許されるものと考えて居ました。故に、上官の命令に依って定められた自己の任務を完全に遂行する為、出来得る限りの努力を払ったのであります。」

「自分は現在平凡な人間といたしまして、自分の実際の心の中に思っていることを少し申してみたいと思います。私には現在日本に八二歳になります母と、妻並びに二名の子どもがございます。なお、私は自分の犯した罪の非常に大なることを自覚しております。そうして終始懺悔をし、後悔をしております。私は将来生まれ変わって、もし余生がありましたらば、自分の行いました悪事に対しまして、生まれ変わった人間として人類のために尽くしたいと思っております。」

柄沢十三夫は、一九四九年末に矯正労働二〇年の判決を受けて、イヴァノヴォというソ連の収容所に入っていました。一九五六年一〇月一九日、鳩山首相とソ連の間でようやく共同宣言がまとまり、日ソ国交回復が決まって、二ヵ月後には戦犯も恩赦で帰国できると決まったその時に、柄沢は首を吊って自殺してしまう。少なくともソ連側はそう発表します。

自殺の原因について、後に残された奥さんは、「自分のしたことを日本人は許してくれないと考えたからではないか」と言っています。しかしアメリカ軍は、そんな理由は信じません。戦犯尋問で重要な証言をして、ソ連軍の細菌戦に協力してノウハウを持っていたから殺されたのではないか、と疑うのです。

柄沢十三夫溢死の目撃者、プリンス近衛文隆

もう一人、米軍にその抑留死の原因を疑われた人物がいます。それが、この章の冒頭に登場した近衛文隆です。文隆は一九五六年一〇月二〇日未明の柄沢十三夫の首つり死体を発見し、その一〇日後の一〇月二九日に病死した、と発表されています。

近衛文隆について、是非皆さんに読んで頂きたいのは、作家西木正明さんの『夢顔さんによろしく』というノンフィクション風フィクションです。「最後の貴公子・近衛文隆の生涯」というサブタイトルで、文庫本にもなっています（初版一九九九年、文藝春秋）。

工藤美代子さんの『近衛家七つの謎』（PHP研究所、二〇〇九年）も、文隆が主人公です。もう一つ、文隆については、先に挙げたロシア人アルハンゲルスキーが書いた『プリンス近衛殺人事件』もあります。

劇団四季のヒットミュージカル『異国の丘』（二〇〇一年初演）をご覧になった方もいらっしゃるでしょう。この主人公「九重秀隆」のモデルが、近衛文隆です。このミュージカルは西木正明さんの小説が下敷きになっています。

『異国の丘』には直接出てきませんが、柄沢十三夫が一九五六年一〇月二〇日に首つり自殺した際、この死体を発見した一人が、若い友人であった近衛文隆だった。彼はそのまま身体を壊して、柄沢が死んだ一〇日後の二九日に急性腎盂炎で亡くなったと言われ、同年一二月の日本の新聞でもその死は大きく報じられています。

近衛文隆氏病死す
イワノヴォ収容所
十月、帰国を目前に
"11年も待ったのに"
悲報に泣き崩れる正子夫人

『大阪毎日新聞』（1956年12月11日）

テンピンルー

近衛文隆の米国留学と上海東亜同文書院でのテンピンルーとの恋

もともと近衛文隆は、政治家志望で「貴公子」と呼ばれていました。アメリカのプリンストン大学に留学し、ゴルフ部の主将をつとめて、全米学生選手権のゴルフ優勝という記録を持っています。身長一八〇センチを越える大男で、丈夫で健康なスポーツマンでした。

一九三八年に日本に帰国して、第一次近衛内閣では、父である近衛文麿首相の秘書を務め、さらに三九年には、中国大陸を見て勉強しろと父に言われ、上海に近衛家が創設した「東亜同文書院」という、日本人と中国人学生がいる大学に、学生主事として派遣されました。

そこで彼は、日本人の母をもつ、絶世の美女の中国人、鄭蘋茹（テンピンルー）と知り合います。ハリウッド映画『ラスト・コーション』のヒロインのモデルであるテンピンルーについては、何冊か日本語の本も出ています。

彼女の父は国民党政府の高官で、中国国民党のスパイとして近衛文隆に近づいたともいわれています。文隆の方は、その美貌に夢中になりました。それが憲兵隊に睨まれ、帰国し徴兵されて、二等兵から再出発することになったのです。

首相の息子・近衛文隆は、蔣介石政権高等検察官の娘と日中戦争中に仲良くなったが、彼女は実は女性スパイで、ハニートラップにひっかかった――という悲恋話の主人公です。

文隆は尾崎秀実、ゾルゲとも知り合う

「プリンス」近衛文隆は、五摂家筆頭近衛公爵家の跡取り息子です。それも政治家志望で、早くから英才教育を受けていました。

彼にはゾルゲ事件との関わりもあります。米国プリンストン大学に留学していた時、一九三六年にヨセミテで太平洋調査会（ＩＰＲ）の国際会議がありました。そこで文隆は日本代表団の通訳兼事務局手伝いとして、日本から来た尾崎秀実、牛場友彦、西園寺公一、つまりゾルゲ事件被告の尾崎や西園寺とも知り合っています。

それから文隆は一九三八年に、父親の近衛首相の秘書になり、書記官長が風見章、先輩秘書が岸道三・牛場友彦だった時代に、近衛内閣嘱託であった尾崎や、ドイツ大使館嘱託のゾルゲとも、仕事で会っているのです。

このことに西木さんや工藤さんは注目し、ゾルゲ事件と近衛親子の関係を陰謀論風に推理し論じていますが、私は、ゾルゲ・尾崎秀実と近衛文隆の政治的繋がりには否定的です。首相秘書官当時の文隆は二三歳、たんなる鞄持ちの書生です。プリンストン大学に入学したものの、

正確に言うと、成績が悪くてちゃんと卒業できず、ゴルフと女遊びがひどくて呼び戻され、日本に帰ってきたばかりだったのです。

ゾルゲ・尾崎と面識があったのは事実ですが、文隆はまだ二三歳の政治家見習いですから、おそらくゾルゲ諜報団の活動では相手にされない存在であったと思います。ゾルゲ事件研究の方からすると、確かに裁判記録によると近衛文麿・牛場友彦らも尾崎秀実検挙時に取り調べを受けていますが、文隆との関連は出てきません。

小野寺信機関での重慶工作？

一九三八年一〇月、小野寺信という陸軍の情報将校が、上海に「小野寺機関」を作りました（彼はその後、四五年にストックホルムからヤルタ協定密約電を日本に送ったという話で有名な人物です）。そこに、東亜同文書院学生主事として赴任した近衛文隆が組み込まれます。

近衛文麿首相は、日中戦争で公式には蒋介石の「国民政府は相手にせず」と声明していますが、影佐機関などが汪兆銘傀儡《かいらい》親日政権擁立工作をやっていたのとは別に、蒋介石政権と直接の和平交渉ができないかというので、宮崎龍介らの別ルートでも、重慶の蒋介石のところに密使を送ろうとしていたといわれます。

その作戦の一環として、父・近衛首相の了解も得て、文隆は小野寺信のもとで重慶工作を試みました。相手が美しい女性で、国民党スパイと自覚していたかどうかはわかりませんが、重慶政権の高官の娘（ミュージカル『異国の丘』の「蒋介石の姪」というのは、無論フィクションです）と恋に落ち、重慶に出向く道を探ったのです。だからテンピンルー問題には、それなりに政治的な意味合いがありました。

砲兵中尉のときに満州で敗戦

このまま近衛文隆を上海においておくと、必ず中国側から何か工作をされて、日本にとってよからぬことになる――。このことを憲兵隊にとがめられ、閣議でも問題にされました（『木戸幸一日記』一九三九年六月九日）。文隆は日本に呼び戻されるや否や、すぐに徴兵され、中国大陸に渡りました。関東軍の二等兵から一歩一歩はい上がって、敗戦のときには砲兵中尉でした。

通常、中尉ぐらいでは、憲兵隊員や捕虜虐待などの実行犯でなければ、戦犯にはなりません。しかし、近衛文麿の息子である彼には、政治的な利用価値がありました。

終戦の前に近衛文麿は、天皇の側近として、共産革命阻止のための「近衛上奏文」を書きました。彼は、ポツダム宣言受諾後に、マッカーサーから直接に新しい憲法をつくれと言われたともいわれ、戦後も重要な役割を果たしました。しかし、最後は一九四五年一二月、戦犯に指定されて自決しています。

ソ連の忠誠工作失敗と二五年の矯正刑確定

近衛文隆は、敗戦時こういう位置にあり、ソ連側にとっても利用価値がありました。

平たく言えば「プリンス近衛」を思想改造し、他の抑留者と同じように忠誠誓約をさせて、ソ連のエージェントにして日本に帰し、政治家として保守政党の中でもいいから偉くなれば、ソ連にとっては、長期的に役に立つ存在になる――。そういった目的で、彼は各地の収容所でいろいろな工作を受けたのです。それに関係したソ連側の尋問記録は、ソ連崩壊後に初めて近衛文隆関連のソ連側資料を見つけたアルハンゲリスキーが、『プリンス近衛殺人事件』に詳しく記しています。

それによると、近衛は頑強に「いや自分は日本人で、ソ連の手先になるわけにはいかない。ソ連との友好関係は保ちたい。しかし、それは、新しい新生日本の中でどの国に対しても我が国がとるべき道だ」といった模範解答をするものですから、ソ連側も嫌気がさして、ついに一九五一年末、朝鮮戦争時に矯正労働二五年の判決を下しました。

この罪は、ソ連の刑法五八条四項によるものです。五八条四項は「国際ブルジョワジー支援」の罪にあたり、何もかもが罪になってしまう。近衛文隆の場合、アメリカに留学したこと、戦犯である父文麿首相の秘書であったこと……等々が反ソ・親資本家活動であると見なされ、矯正労働二五年の刑を受けてしまう。

当時のソ連では一時的に死刑は廃止されていたので、二五年というのは最高刑です。こうした最高刑・重刑に科された関東軍幹部や元特務機関員、七三一部隊関係者などの人々は、戦犯とされて帰国できないまま、日ソ国交回復当時（一九五六年）には、シベリアよりもモスクワに近い、イヴァノヴォ州レジニェヴォ地区チェルンツィ村のイヴァノヴォ収容所に入れられていたのです。

ですからプリンス近衛は、四〇歳を迎えたばかりの若さで、戦犯として、山田乙三大将、秦彦三郎中将ら老人が多いイヴァノヴォ収容所で、彼らと一緒になっていました。

イヴァノヴォ収容所の三人の若い戦犯

イヴァノヴォ収容所には、もう一人、若い戦犯がいました。それが、ハバロフスク裁判の項で紹介した元七三一部隊の若い医師、柄沢十三夫です。一九一一年生まれの彼は、文隆より四歳年上、当時は四〇代で、この二人は親しくなりました。

この他にもう一人、文隆より五歳若い囚人がいました。吉田武彦（「猛彦」とする文献もあります）といって、イヴァノヴォ収容所に移送される前のアレクサンドロフスク収容所で、五五年に近衛文隆と同部屋になって親しくなりました。吉田は、元特務機関員ということで戦犯になっていたのです。

アメリカ側の記録には、彼が怪しいという記述があります。吉田は、収容所の中でいつも近衛と一緒で、部屋の中で他の関東軍将校とどんな会話をしたかをソ連側に伝えるための、同獄スパイだった可能性が高いというのです。これは、日本でも特高警察や憲兵隊がよくやった手口なのですが、獄中に相部屋のスパイがいて、「あいつこんなことを言っていた」と看守に告げ口する、そういう役割の男がいました。

計六一人の日本人戦犯中大将三人、中将一〇人、少将一二人など高級将校の多いイヴァノヴォ収容所の中で、この三人が相対的に若く、仲間になった可能性が高いと思われます。当時、七三一部隊のハバロフスク裁判受刑者であった三友一男による俘虜記が残されていて、これら六一人の日本人収容者リストが出ています(『細菌戦の罪』泰流社、一九八七年)。

親しかった三人組のうち、二人(近衛文隆と柄沢十三夫)が相次いで亡くなるので、米軍は、これは怪しいと考えました。本当の死因は何であったのか――それが一つ目の謎です。

一九五六年一〇月一九日から二〇日にかけての夜、つまり日ソ国交回復が決まったその日に柄沢は首吊り自殺をする。柄沢の遺体を発見した近衛文隆は、それが原因で鬱病になって不眠になり、一〇日後に死亡しました。最終的に、死因は脳出血・急性腎炎とされています。

米軍が採用したのは「緩慢な毒殺」説です。近衛文隆はイヴァノヴォにくるまで一五ヵ所もの収容所を移動させられましたが、その過程で何らかの薬物が投与されたのではないか、というものです。柄沢十三夫についても神経が弱っていたようですから、同様の疑惑があります。

五　近衛文隆遺文「夢顔さんによろしく」の謎

近衛文隆の手紙中の「夢顔さんによろしく」

矯正労働二五年の刑が確定した後、近衛文隆は一九五二年から、日本との通信を許されるようになります。収容所では日本語新聞も読めたといいます。妻正子ら留守家族にあてて、近衛文隆は、四三通の手紙を残しています。そのうちの最後の方の八通に、奇妙な文章が出てきます。

この手紙は、遺族・友人が作った『近衛文隆追悼集』（陽明文庫、一九五九年）に収録され、西木正明と工藤美代子の本にも引用されています。アルハンゲリスキーの本にも一通だけ出てきますが、彼はこの点には関心をもたない。

それが「夢顔さんによろしく」の問題で、これが第二の謎です。

一九五五年五月二一日の第二五便以降、留守家族あてに「そろそろ自分も帰国するから帰国準備の歓迎の計画を立てるように頼んでくれ」と、近衛文隆が新婚時代に満州で世話になった親しい友人たち、つまり近衛内閣首相秘書時の先輩岸道三、牛場友彦、義理の弟・細川護貞（細川護熙元首相の父）、白洲次郎らに依頼するよう書いているのですが、そこに、「夢顔さんと相談するのがよかろう」、「なお岸、牛場、白洲に、西園寺の公ちゃん［公一］によろしく」とあるのです。

一九四四年にハルビンで結婚した正子夫人らにとっても、周知の同年配ないし親しい友人たちの名前が並ぶ中に、なぜか「夢顔さん」という不思議な名前が出てくる。そういう「夢顔さんによろしく」と出てくる手紙が、一九五五〜五六年に八通あるのです（八通目は一九五六年九月の最後の手紙で、没後の遺髪引き取りの後に到着します）。

この謎をネタにしタイトルにしたのが、前章で紹介した西木正明さんの小説『夢顔さんによろしく』です。「夢顔さん」というのは、留守家族の正子夫人も、母親（近衛文麿は四五年に自決しましたけれども、千代子夫人は存命中）も、親しい友人たちもみんな心当たりがなく、わからないのです。ソ連の収容所からの手紙は、無論検閲されますから、恐らく要人で文隆が信頼できる誰かのことを、「夢顔」という暗号名で、家族に伝えようとしたのだろう――。これは、私を含め、八通の手紙を読めば誰でも感じる、共通の印象です。

この「夢顔さん」は、自分の帰国歓迎会、二度目の結婚披露宴を開く際の助言者、もっとも相談すべき人物として手紙に出てくる。この「夢顔さん」は誰なのかというのが謎なのです。

米軍「近衛文隆ファイル」を見つけて

私は、二〇一五年の夏に、アメリカ国立公文書館で米国陸軍情報部（ＭＩＳ）の「近衛文隆ファイル」を見つけて、驚いたことがあります。扉に続く最初の文書の冒頭に出てくるのは、近衛文隆の名前ではないのです。「Karasawa」（柄沢）、そして「石井部隊」という名前が出てくる。つまり、「七三一石井部隊の柄沢十三夫という男が首を吊って死んだ。その死体を近衛文隆は目撃していた。この二人の死は、どちらも怪しいから、アメリカ軍としては検討しなければならない」という、近衛文隆と柄沢十三夫の死因を疑う四頁の検討記録が出てくる。

これは、これまで近衛家を研究した記録には出てこないものです。父の近衛文麿は有名な政治家ですから、米国にも死亡診断書ほか膨大なファイルがある。ＭＩＳには「近衛秀麿ファイル」もあります。秀麿は文麿の弟で、クラッシック音楽の指揮者です。

二〇一五年七月にＮＨＫが「戦火のマエストロ・近衛秀麿――ユダヤ人の命を救った音楽家」という面白い番組を放送しました。その元となったのが米軍「近衛秀麿ファイル」で、やはり米国国立公文書館の米軍記録の中に、秀麿がナチス・ドイツで密かにユダヤ人音楽家を助けていた記録が出てきたのです。ＮＨＫ出版から同題の本にもなっています（菅野冬樹『戦火のマエストロ　近衛秀麿』二〇一五年）。

ＭＩＳ「近衛文隆ファイル」は、七三一部隊の柄沢十三夫と、同じ収容所での文隆の、二人の近接した死を疑い分析した米国陸軍情報部の記録です。前述のように、柄沢の死を見た文隆がショックを受け、心身がおかしくなって病死したとソ連側は発表したのですが、アメリカ側はその死因を疑っています。

二人の不審な近接死と死因の謎

西木正明さんの『夢顛さんによろしく』は小説ですから、柄沢の名前が「唐津」とされていますけれども、この死が近衛文隆とほぼ同時であることは書いてあります。片方（柄沢）は自殺、片方（文隆）は病死となっているが、ひょっとしたら同じ死因ではないかというのが、米軍の推論で、西木さんも「毒殺説」を書いています。

一番あり得る可能性と米軍が見たのは、精神を錯乱する特殊な薬物です。元ＫＧＢのラストボロフが、ちょうどこの頃アメリカに亡命していて、マッカーシズムのさなかのアメリカ議会非米活動委員会で聴取を受けています。そこで彼は、近衛文隆は普通の戦犯ではない、彼は政治的目的で残され工作されているのだ、と話す。それから、ソ連の収容所では、薬物を少しずつ与えながら、長期的に証拠を残さず殺してしまう「緩慢な殺人」が行なわれていた、と証言します。つまり、「精神安定剤とか何とか言いながら飲ませて、躁鬱病にして、静かに殺すのはよく知られていることだ」と証言するのです。この証言は近衛文隆の死が伝えられた当時、日本の新聞でも簡単に紹介されています（「スパイを拒否して死に追い込まれた近衛文隆氏、ラストボロフ氏米国で証言」『毎日新聞』一九五六年一二月二二日）。

アメリカは、二人の死因はソ連の精神病棟で使われていた薬によるものではないかと疑いました。二人はもう一一年も収容されていましたから、少しずつ薬が投与されていた可能性もある。解剖しても痕跡が残らず、死因がわからない類の薬だったのではないかという疑いです。

繰り返しますが、近衛文隆の死因については、病気という公式説とは別に、殺人説がある。殺されたとすれば、薬を処方したのはソ連の医学関係者ではと疑われます。それから、前述した七三一部隊の軍医たちも、薬を盛ることができたと考えられます。

米軍記録では、文隆の最後を看取った重要人物が何人かいることが確認できます。一人はもちろん、収容所のソ連側の医者です。同時に、日本人の七三一部隊関係者も医師であり、文隆と同じ収容所の同じ大部屋にいたのです。その中でも、西俊英軍医という、ハバロフスク裁判で一八年の刑に処された受刑者が、やはり七三一部隊の野原清水という軍医（「精魂会」一九六六年名簿）と共に、二人の最後の看取り役でした。西俊英は七三一部隊教育部長だった優秀な医師ですから、もちろん診療も治療もでき、薬も処方できます。

近衛文隆最後の数日間は、西と野原が昼夜交代で枕元で看護している。ソ連側が彼らを使って、彼ら自身の意志というよりも、ソ連軍から言い含められてか騙されてか、何かを盛った可能性があります。

医者とは別に、近衛文隆が一番信頼していた吉田武彦という若い元特務機関員がいました。彼は近衛文隆の「親友」と称していましたが、いつも文隆と一緒であった以上、毒を盛ったり、騙して薬物を飲ませることができるわけです。

この吉田が、収容所での近衛文隆の葬儀で友人代表の弔辞を述べ、二ヵ月後に日本へ帰還して、遺品と言って文隆の遺髪と爪を、奥さんに舞鶴港で渡す役を果たすのです。

いくつかの可能性があるけれども、七三一部隊軍医の柄沢十三夫の死と関連して、いずれにしろアメリカ側は、近衛文隆は単なる病死ではなく薬物死と考えていたことが、この「近衛文隆ファイル」からわかります。

工藤美代子さんの書物では七三一部隊に触れず、あまり重視していませんが重要です。西木さんは、柄沢を「唐津」、吉田武彦を「脇田」と偽名にしつつ、一応関連を疑い、毒殺説を書いています。

この点で、アルハンゲリスキーが旧ソ連秘密文書、近衛文隆のソ連側死亡診断書も使って説得的に毒殺説を述べていますが、残念なことに柄沢十三夫・西俊英が七三一部隊の軍医で、ハバロフスク細菌戦裁判で受刑中だったことには触れていません。彼は「夢顔さん」の謎にも無自覚です。

西木正明の「夢顔さん＝ムガン＝ゾルゲ」説

死因と並ぶ近衛文隆の大きな謎が、前述した「夢顔さんによろしく」の「夢顔」です。死の直前まで、日本に帰国することを夢見て信じていた文隆が手紙に書き残した、おそらく親しい友達より年上の、頼ることができる誰か——その「夢顔さん」とは誰なのか、という謎です。

これについては、大きく二つの説があります。

西木正明さんは、「夢顔＝ムガン＝ゾルゲ」説です。西木さんのこの小説はよくできていて、柄沢（七三一部隊の関係者）と同じ時期に近衛が死んだという話も、毒殺の疑いも一応出てくる。けれどもその関係を、米軍の資料ほどには厳しく見ていません。

西木さんの「夢顔さん」の推理は、日本が当時ソ連との国交回復の交渉中だったことに着目します。ソ連に対して働きかけるには、ソ連に近くて影響力のある人物に頼めば、ひょっとしたら自分の帰国は早くなるのではないかと考えたのだろう、というのが西木さんの推理です。それに一番いい人物は、リヒアルト・ゾルゲ、つまりソ連のスパイだと文隆も認識している元ドイツ大使館嘱託ではないか、と推理します。

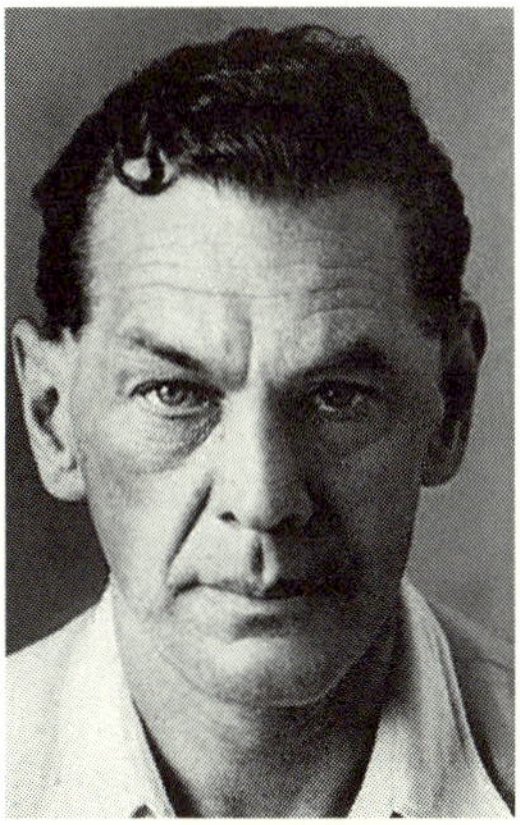

リヒアルト・ゾルゲ

けれどもゾルゲは、尾崎秀実と共に戦時中に日本で死刑になっている。そこで西木さんの説では、近衛文隆は満州の前線に派遣されていて、その後そのままシベリアの収容所に抑留されていたので、一九四四年一一月に尾崎秀実とゾルゲの死刑が執行されたことを知らなかったのではないか。ゾルゲがまだ生きていると思って、ゾルゲに頼めばうまくいくと考えたのではないか――と推理します。

その場合、どのような筋で「夢顔＝ムガン」となるかというと、「ムガン高原でゾルゲは生まれて、彼の幼少期のアダ名はムガンだった」と、これは西園寺公一が風見章に語ったという作中の話にするのです。

これは、小説としては面白いですが、話がうますぎて、史実としては根拠が乏しいものです。彼が生まれたバクーという町は、ムガン高原に近いといっても、五〇〇キロぐらいあります。彼が幼い頃にムガンというアダ名があったということもありません。この部分は、小説としてはよくできているけれども、史実としては認められません。工藤美代子さんも、西木本のこの点を強く批判しています。

工藤美代子の「夢顔＝高松宮」説

それより相対的に説得力のあるのは、工藤美代子さんの説です。

当時、昭和天皇のことを「龍顔」つまり、ドラゴン・フェイスと呼んでいた。これは『木戸幸一日記』にも出てくる話です。だから、「夢顔」というのは「龍顔」に近い、しかし天皇ではない皇室の誰かではないか――というのが工藤さんが『近衛家七つの謎』で記したアイディアです。

その説でいきますと、天皇の弟・高松宮宣仁は、近衛文麿と一緒に吉田茂らを使ってイギリスに働きかけようとして、終戦直前に和平工作を行なっている。つまり文隆にとっても、近しい存在だったと言えます。

要するに「親父は、皇室の中でも特に高松宮を信頼していた。高松宮にすべてうまくいくように取り図ってくれ」というメッセージだというものです。天皇が龍顔＝ドラゴン・フェイスであれば、高松宮が夢顔＝ドリーム・フェイスではないか、というのが工藤美代子説です。

高松宮宣仁

工藤さんは、この「夢顔」について、近衛家の遺族にもいろいろ聞き取りをしました。しかし特定できず、「この部分は私の想像です」と断っています。『近衛家七つの謎』の全体はノンフィクションですけれども、その部分だけはフィクションと認めている。けれども、少なくとも「ムガン＝ゾルゲ」説、つまり、西木さんの小説よりは合理的で、うまくできているのです。

私の「夢顔＝媒酌人・木戸幸一」説？

家族・親族も知らないし、牛場友彦・岸道三・細川護貞・犬養健・白洲次郎・西園寺公一ら友人たちにもわからなかったのが、「夢顔さん」の正体です。この「夢顔」については、一九五五〜五六年の八通の文隆の手紙にしか、手がかりは残っていません。「ムガン」と読むか

木戸幸一

「ユメガオ」なのかも、わからない。当の近衛文隆は、待望の帰国を目前にして、不審死してしまった——。

ですから、これは永遠の謎です。逆に言えば、抑留中の文隆からの四〇数通の手紙に実名が出てこない重要人物のなかで、いくらでも推理はできるわけです。

極端に言えば、文隆がゾルゲの死刑をソ連の収容所で知らなかったのならば、尾崎秀実が敗戦後の日本でソ連を救った英雄にされていたという「夢顔＝尾崎秀実」説も、成り立ちうるのです。近衛内閣秘書時の書記官長だった風見章や、文麿の親友で大政翼賛会組織部長だった後藤隆之助でもいい。上海時代の関係から、小野寺信や中山優でも有資格者になります。

私の説は、あえて「夢顔＝木戸幸一」説としておきます。木戸幸一は、もともと近衛と同じ皇室側近で、戦時の一九四四年一〇月に、近衛文隆が正子夫人（京都西本願寺大谷家の娘で皇太后の姪）と結婚したときの、媒酌人・仲人です。

つまり、近衛文麿と木戸幸一は、（原田熊雄と共に）学習院高等部から京大という学生時代からの親友で、若いときから家族ぐるみで往き来していました。近衛家の跡取りの結婚には、当時内大臣で昭和天皇に一番近かった木戸が、媒酌人をしているのです。当時ですから、仲人なら妻に「万事相談せよ」と言うのは当然で、私は、その可能性があると思うのです。

ただし、アメリカや上海滞在中に女性問題でつまづいた近衛文隆が観念して、戦時中の四四年一〇月に見合い結婚するにあたって、ハルビンで開かれた結婚式には、父近衛文麿も媒酌人木戸幸一も、政務で忙しく、二人とも列席していません。

西木正明さんの小説では、父の近衛公は出席できず、母千代子と秘書で文隆の親友の岸道三・牛場友彦が満州に出かけて式を準備し、そこに一〇月一〇日に木戸幸一内大臣夫妻が飛行機でハルビンまでかけつけた。関東軍の軍人やハルビン総領事が列席した挙式を無事終えて、「つつがなく媒酌人の任を果たした木戸は、文隆にまつわるこれまでのあれこれを知っているせいか、心の底からうれしそうだった」と、見てきたような嘘を書いています。

これが、推理小説の強みであり、弱みです。つまりこんな虚構は、『木戸幸一日記』を参照すれば、たちまち崩れるのです。

確かに一九四四年六月二四日の『木戸日記』には、サイパン島の戦闘さなかですが、「近衛公嗣子文隆氏と大谷光明氏令嬢と婚約整い媒酌人を依頼せられたるところ、本日結納取交につき、二時、鶴子同伴、公爵邸を訪問、慶びを述ぶ」とあり、媒酌人だったのは事実です。

ただし結婚式の当日（一〇月一二日）の『木戸日記』には、ハルビンではなく東京に居て、「近衛公を訪ひ、本日ハルビンにて結婚式を挙行の文隆君の為めに慶びを延ぶ」と記され、荻窪の近衛邸（荻外荘）を訪問しただけで、結婚式には出ていないことがわかります。しかも、

1944年10月12日、ハルビンにて
『近衛文隆追悼集』、8頁

戦局は厳しいですから、「尚、重臣の取扱い方針等について相談し」と、花婿の父と媒酌人は、政治的仕事を一緒にしています。

この点で、西木正明『夢顔さんによろしく』は、全体から史実とフィクションを注意深く読み分けなければいけません。結婚式の場面は虚構です。

ただし、「夢顔＝木戸幸一説」を説得力のあるものにするには、新婚の文隆・正子夫妻にとって、媒酌人の木戸幸一は気軽に相談できる相手であったかどうかが問題になります。木戸は、工藤美代子さん説の高松宮よりは、相談しやすい関係だと思います。だから「夢顔＝木戸幸一説」は、論理的には成り立ちます。

この説を補強すると、第一に、「夢顔さん」が出てくる一九五五年五月二一日付け第二五便から一九五六年九月二三日第四二便までの八通の手紙は、すべて短かい新婚生活ののちに離別した妻正子をいたわり、帰国歓迎会、披露宴のやり直し、新婚旅行など、帰国できたら本当の夫婦になれるという文脈で、「夢顔さんによろしく」と出てくることです。結婚式・披露宴をもう一度やろうというなら、当時の日本の貴族社会の伝統からしても、まずは媒酌人・仲人に相談せよというのは自然ではないでしょうか。

しかし、それならわざわざ「夢顔」などと謎かけせず、なぜ木戸幸一の名前を出さないのかという問題が出てきます。文隆は、父文麿の四五年戦犯指定・自決をソ連でも知っていますから、木戸も戦犯になったと考えていたでしょう。言うまでもなく、ソ連の収容所から日本の家族宛の手紙は、ソ連側に検閲されます。ただし五二年頃から文通と共に日本の出版物の一部も読めたと言います。東京裁判ともいわれた極東国際軍事裁判の結末を、近衛文隆がどの程度に知っていたかは、不確かです。

近衛文隆が一九四五年に尋問された家系

この点で、「夢顔＝木戸幸一説」を補強する資料を、アルハンゲルスキーがソ連で見つけた近衛文隆の尋問記録から示そうと思います。

近衛文隆は、一九四五年八月から、たびたびソ連軍の尋問を受け、ツァーリ時代から悪名高いルビヤンカやアレクサンドロフスク監獄など一〇数ヵ所の収容所（ラーゲリ）・監獄を経て、ようやく一九五六年六月に、比較的待遇のいい高級将校向けのイヴァノヴァ収容所に移ります。結果としてそれが、彼の終の住処になりました。

近衛文隆が受けたソ連での最初期の尋問は、国防人民委員部防諜隊として知られる「スメルシ沿海州支部」の一九四五年一二月四日付の記録にまとめられています。これは、アルハンゲリスキーの本で初めて公開された、貴重な記録です。

そこで文隆は、最初に英語力、学歴・職歴・軍歴を聞かれた上で、「結婚はいつであったか、夫人の社会的地位はいかなるものか」と、問われます。文隆が一九四四年一〇月、ハルビンで昭和天皇の姪と挙式したと答えると、尋問官は、満州国皇帝溥儀と関東軍司令官山田乙三大将の名前を挙げて、その結婚式に出席したかどうかを聞きます。文隆が「出席するはずはありません。あちらは国家元首で当方はただの将校です」「一九四四年一〇月の軍事情勢では華美な式典は許されませんでした」と事実通りに答えます。

そこから兄弟姉妹と爵位の話になり、「父が死亡するか六〇歳になると、嫡男に爵位が譲られる」と答えたところから、父・文隆の首相秘書官時代の仕事の詳細な説明を求められ、その政治的活動が一九五一年一二月二六日のソ連刑法第五八条四項、「国際ブルジョアジー支援」の「対ソ敵対行動」による禁固二五年の罪状になります（ソ連崩壊後の一九九一年、近衛文隆は無罪だったとして名誉回復され、一九九七年一〇月一六日に名誉回復証明書が遺族に渡されますが、それはまた別の物語です）。

一九四五年一二月四日の近衛文隆の「スメルシ尋問」は、まだ一二月一六日の父・文麿の戦犯容疑指定・自決の前で、かつ新憲法発布前で華族制度が生きていた時代です。尋問自体に、ソ連側の日本国家観が反映されているように思われます。

つまり、日本の天皇制をロシア革命前のツアーリ制になぞらえ、ロマノフ王朝のような世襲貴族制にダブらせて、近衛家を天皇家に最も近い貴族の一員、そのプリンスとして近衛文隆を扱う方向が、すでに敗戦直後に定められたようです。だからこそ近衛文隆には政治的利用価値があると見なされ、ソ連への忠誠誓約を執拗に求められたのでしょう。

その意味で、ソ連側から見れば、貴族同士の結婚式とは、上流社会の華やかな通過儀礼であり、スメルシの尋問は、満州国皇帝などその列席者から、重要度を測ろうとしたものでしょう。そこで媒酌人が聞かれなかったのは、文隆にとっては、ある意味で幸運でした。

風見章

ただし、「個人的につきあいのあった廷臣あるいは閣員はだれか」という問いに対し、文隆は「父の内閣の閣僚であり父の親友であった木戸幸一とは親交がありました。よくわが家へ来ました」と答えています。文隆にとって、父の友人の中で最も信頼できるのは、やはり木戸幸一だったのだろうと思われます（以上は、アルハンゲリスキー『プリンス近衛殺人事件』）。

しかし、私のこの「夢顔＝結婚式媒酌人＝木戸幸一」説も、フィクションにならざるをえません。木戸幸一は、近衛文麿の自決と一緒に一九四五年一二月に戦犯として検挙され、極東国際軍事裁判のA級戦犯で終身刑を受けています。彼が、病気を理由に巣鴨から釈放されるのは（岸信介や児玉誉士夫はもっと早く出ていますが)、一九五五年一〇月で、それまで彼は巣鴨プリズンに入れられたままです。これは、「夢顔さん」の名が初出する手紙の一九五五年五月よりも後になります。

近衛文隆が、父の戦犯訴追・自決を知りながら、木戸が戦犯を免かれたと思っていたとは、考えにくいところです。獄中ないしすでに死刑になったかもしれない木戸幸一に相談せよと妻や母に述べるのは、西木さんのゾルゲと相談せよと同じくらいに、奇妙かもしれません。

近衛文麿と木戸幸一の敗戦時の確執?

近衛文隆が知っていたかどうかはわかりませんが、近衛家と木戸幸一の間には、敗戦時にある種の確執があります。

一つは、木戸が側近としてあくまで昭和天皇を守ろうとしたのに対して、近衛は天皇退位論、高松宮への譲位を唱えたという問題です。他に、和平のために尽くしたと自分では考えていた近衛文麿が戦犯として訴追されたのは、木戸家の縁戚である都留重人が収集した情報をハーバード・ノーマンがまとめたGHQの報告書が決定的意味を持ったという説もあります。

その他、年齢では若干上になる木戸の近衛の世間的名声に対するジェラシー説まであり、木戸と疎遠になった近衛家の人々が、一九五五年の文隆の手紙の「夢顔さん」を獄中の木戸幸一とは考えなかっただろうとも思われます。

ですから「夢顔」が誰であるかを考える際には、近衛文隆が、一一年もソ連の収容所・監獄をたらい回しにされている間に、いったいどれだけ戦後日本の事情を知り、情報を持っていたのかが非常に大事になります。彼は、木戸幸一が亡父と同じくA級戦犯に指定されたぐらいは知っていた可能性があるのですが、死刑か終身刑か、まだ獄中にいるかどうか、釈放されたかどうかなどはわかっていない一九五五年五月二一日付の段階で、すでに手紙に「夢顔さん」の記述が出てくる。そこで果たして、媒酌人木戸幸一が「夢顔さんによろしく」の「夢顔さん」になり得るかどうかという疑問は、依然として残ります。

さらに言えば、風見章（第一次近衛内閣の書記官長）も、有力な候補者です。彼は、岸道三や牛場友彦の上司で文麿の側近です。八通の「夢顔さん」手紙には風見の名が出てこないので、「夢顔さん」の可能性があります。

戦後、風見章は社会党の代議士になって、日ソ国交回復・交流にも熱心でした。実際、一九五八年に妻正子が近衛文隆の遺骨を日本に引き取る時には、重要な仲介役を果たすのです。彼もいわば有資格者ですが、戦後の風見のことを文隆がどれだけ知っていたかは不明です。しかも、華族でない風見は、一九四四年の文隆・正子の婚約・結婚には関与していませんから、「夢顔さん」とするには難があります。

もっとも近衛文麿の収容所からの手紙は、四三通のうち二七通しか公開されていません。今後未公開の手紙から手がかりが出てきて、いずれの仮説も、あえなく消えるかもしれません。

これはやはり、推理小説向きの謎のようです。

歴史的事件の謎の現代性

こういった謎が、ゾルゲ事件・七三一部隊・シベリア抑留の研究世界ではたくさん出てきます。

ある大きな事件は、歴史の記憶の中で絶えず作り変えられ、それで、我々は自分の作った物語で納得するのだけれど、それでは納得できないような証拠・史実が新たに出てくると、別の物語を作らなくてはいけない。これが、戦争の記憶であり、私の言う「情報戦」です。

外交の場では、この情報戦がもっと厳しくなり、今後は、ユネスコの拠出金を出すか出さないかという問題にまで広がってくることもありうるのです。

II

七三一部隊の隠蔽・免責・復権と二木秀雄

一　七三一部隊の戦後――NHKスペシャル「731部隊の真実」の衝撃

NHKスペシャルをめぐるインターネット上の反響・論争

二〇一七年八月一三日に放映されたNHKスペシャル「731部隊の真実――エリート医学者と人体実験」は、大きな反響を呼んでいます。多くの七三一部隊研究者が協力し、私もささやかですが取材に協力しました。取材班は一九四九年一二月の旧ソ連ハバロフスク軍事裁判法廷の被告・証人たちの音声テープを発見し、供述書と一緒に放映しました。春に『飽食した悪魔』の戦後』を出したばかりの私にも、メールなどでさまざまな感想が寄せられました。

感想では、「森村誠一『悪魔の飽食』で読んだ話がよくわかった」、「医師たちの人体実験は本当だった」、「よく調べて真実に迫ったいい番組だ」というものが圧倒的でしたが、中には「南京事件や従軍慰安婦問題をテーマにした番組と並んで、中国や韓国におもねる反日番組だ」、「（ハバロフスク裁判は）旧ソ連のでっち上げで、供述も音声も自発性はなく脅迫によるものだ」といった批判もありました。特にインターネット上では、いわゆる「ネトウヨ」の細菌戦・人体実験否定論が溢れています。番組冒頭に映された七三一部隊の集合写真から、天皇と皇室の関与と戦争責任も話題になりました。

しかし、いまだに日本政府の公式見解は「外務省、防衛省等の文書において、関東軍防疫給水部等が細菌戦を行ったことを示す資料は、現時点まで確認されていない」というもので、戦争犯罪を認めていません。しかし七三一部隊の存在そのものは否定していませんし、アメリカ・旧ソ連・中国などからも大量の資料が出てきました。

七三一部隊平房本部の一三〇〇人は早々に帰国

七三一部隊はどのような組織だったのでしょうか。一九八一年に森村誠一が『悪魔の飽食』を書いてベストセラーになった頃から、七三一部隊の関係者も重い口を開き始め、いくつか回想が出ています。それでもまだ、全容はわからないのです。

最初の頃の記録では、例えば一九四五年の八月一一日に、参謀本部の朝枝繁春中佐によって「全ての七三一部隊の記録を地球上から永遠に抹殺せよ」という指示が出された際の命令書の中に「細菌学等の博士号を持つ五三人の医者は、直ちに日本に帰すように」と書いてあります。細菌戦についての非常に重要な知識を持っている隊員は、ソ連軍がやってくる前に帰れと言うのです。命令にもとづいて、平房本部の隊員たちは素早く帰国しました。

他の記録では、ジャーナリストの青木冨貴子さんが発見した、石井四郎の個人的な「終戦当時メモ」が存在します（青木『731』新潮文庫、二〇〇五年）。四五年一一月二〇日付のメモでは、満州の平房本部にいて日本に帰ってきた一三〇〇名のことが出てきます。石井が直接の指令で敗戦前に日本へ帰すことができたのは、平房本部にいた約一三〇〇名だけです。そこから彼の使える医師の優秀な者だけを残して、一時的に三〇〇人、できればさらに小さく一〇〇人にし、あとの隊員には退職金というか「絶対に七三一部隊の事は言うな」と口止め料を払って、部隊の縮小・解散を図ったらしいメモがある。そうやって秘密を保とうとしたのです。

メモの中には、七三一部隊の構成について、兵士七〇〇人、女性四〇〇人、少年二〇〇人という記述が見られます。私の本では、女子隊員について「珍しい」と書いてしまったのですが、実際には女性も四〇〇人ぐらい所属していました。七三一部隊における女性の存在は重要な問題で、資料としては郡司陽子という女子隊員の手記『証言　七三一石井部隊――今、初めて明かす女子隊員の記録』（徳間書店、一九八二年）があるぐらいで、他に隊員の奥さんが一緒に行った話の記録はありますが、あまり出てきていません。少年兵については、少年兵同窓会「房友会」の記録があり、ある程度実態がわかっています。

満州に取り残されソ連に抑留された一二〇〇人

満州の他の支部にいた残りの一〇〇〇～一二〇〇人を、石井四郎は当初、ソ連に捕まったとあきらめていたようです。事実、平房本部以外の隊員の多くは、ソ連軍に捕らえられて、シベリア抑留の一部となりました。しかも七三一部隊で人体実験や細菌戦をしたことがわかれば戦犯にされるわけです。一九四九年の末にソ連で行なわれたハバロフスク軍事裁判では、一二人の七三一部隊の関係者が戦犯として告発され、被告になります。

山田乙三関東軍司令官もその一員ですが、実際に人体実験や細菌戦を指導ないし実施した人たちが捕まって、厳しい尋問・供述により有罪となりました。七三一部隊第四部長（細菌製造）の川島清軍医少将ら、刑が一番重い被告は禁錮（矯正労働）二五年の刑に処されましたが、これは当時のソ連では最高刑です。普通のシベリア抑留の日本人は、ほぼ一九五〇年までに帰国できたのに対し、七三一部隊の戦犯とされた人々は、その後も一九五六年の日ソ国交回復時の恩赦まで、刑務所・収容所に残されました。

ハバロフスク裁判では、一二人の被告以外に、証人として一二人の名前が出てくる。それを合わせても、せいぜい二四人です。千数百人がシベリアで捕まっていると石井四郎も想定しているのに、実際に裁判にかけられたのは一二人しかいません。

ジャーナリストの近藤昭二さんは、旧ソ連のハバロフスク裁判で使われたシベリア抑留者の中の七三一部隊関係者の記録を調べているのですが、実際に七三一関係で尋問を受けた人が、ちょうど一〇〇人ぐらいいるそうです。シベリア抑留された日本人は約六〇万人ですから、その中の一〇〇人は小さい数です。七三一部隊関係者で一〇〇人ぐらいは、「細菌戦、人体実験というジュネーブ議定書で決められた国際法に違反する戦闘に加わっていただろう」と、ソ連で実際に尋問を受けています。

被告として裁判にかけられ服役した一二人は、一九五六年の日ソ国交回復の恩赦で日本に戻ってくるのですけれども、それでも当初満州に残された七三一部隊関係者一二〇〇人のうちの一部にすぎません。あとの人たちはどうなったのでしょうか。

私は、この七三一部隊の研究とは別に、アメリカの国立公文書館でシベリア抑留の研究をしていた際に、その関係資料の中に、自らは七三一部隊の関係者だけれども、そのことをひたすら隠してようやく日本に帰ってきたという人が、何人かいることに気が付きました。

実際に私が見つけたのは数人分ですけれども、七三一部隊関係者で、「自分は細菌戦に関わった」と言えばソ連で大変な罪に問われるので、そのことを隠して、普通の兵士だったと言って帰ってきた人が、シベリア抑留帰還者の中に数百人いるだろうと思われるのです。

ですから、七三一部隊の関係者の数としては、石井四郎のメモにあるように、早期に帰国した平房本部の一三〇〇人に、満州に残された一二〇〇人ぐらいを合わせて、二五〇〇人から二六〇〇人というのが、森村誠一『悪魔の飽食』がベストセラーになった頃までの、おおよその推計でした。

軍人恩給支給対象の調べでわかった三五六〇人の大部隊

ところが、『悪魔の飽食』や少年兵の手記などが出て、それを野党が国会で追及し始めました。一九八二年、「『悪魔の飽食』にはこんなことが書いてあるがこれは事実か」と、共産党の榊利夫という議員が追及したときに、当時の厚生省の側が出してきたのが、関東軍防疫給水部三五五九名という数字です。その後一人増えて、今では三五六〇名になっています。そうすると、石井のメモにあった「満州に残された部隊」の他にもどうも数百名がいることになる。

正確に言うと、二〇一二年に社民党の国会議員が質問書を出した時の厚生労働省の答えが、七三一部隊の総計三五六〇名という数字です。そこには、将校（少尉以上）一三一名、准士官（准尉）一八名、下士官（曹長・軍曹・伍長）一六三名、兵士（上等兵・一等兵・二等兵）一〇二七名のほかに、「軍属」として、技師五〇名、技手一九七名、雇員一二七〇名、傭人六三三名と数が出てきます（後述する二〇一八年情報開示の「留守名簿」では、総数三六〇七名、軍医五二名、技師四九名、看護婦三八名、衛生兵一一一七名、雇員一二七五名）。

ところがこれは、戦争を知らない世代にはわかりにくい。旧軍における「技師」とか「技手」って、何なのでしょうか。

石井四郎中将以下大幹部たちは、軍医つまり軍人でした。ところが、二木秀雄や、京大から派遣された石川太刀雄、岡本耕造とか笠原四郎など、各大学から送られて七三一部隊で人体実験をしていた医者の多くは、実は「技師」という名前の官職で所属しています。

技師というのは、エンジニアのことではなく、帝国軍隊の軍事用語では軍属・文官です。軍人ではないけれども、軍隊で軍人と一緒にいろいろな事をやっている人々がいる。この人たちの中に、高等官の技師五〇名、判任官の技手が一九七名、それに雇員、傭人がいました。このうち、軍属の雇員・傭人は軍人恩給の受給対象にならないのですが、技師・技手には軍人と同じく軍人恩給の支給対象者と認めています。それが元になって、先ほどの厚生労働省の数が出てきたのです。

京大の石井四郎の恩師・清野謙次や、二木秀雄の金沢医大時代の恩師・谷友次のような「嘱託」という名の非常勤顧問と同様に、雇員一二七〇名、傭人六三三名は、軍人恩給受給の対象者になりません。しかし残りの一六五七人は軍人恩給受給資格がある、ということです。この国会答弁は、日本政府が七三一部隊を日本軍の一部として公式に認めたことを意味します。

一九四三年の陸海軍人給与表によると、大将の月給五五〇円から始まり、上等兵、一等兵などは給料が一〇円とか九円です。二等兵は、一銭の葉書で徴兵されて月給六円の時代に、中佐・大佐・少将・中将など「将校」は、三〇〇円とか五〇〇円もらっている。軍人社会は徹底的なピラミッド社会で、階級が上に行けば給料も待遇もよくなり権限も大きい組織です。しかも上官の命令には絶対服従が鉄則となります。

この中の「将校」軍人が、七三一部隊の場合には一三一人いました。「下士官」というのは曹長、軍曹、伍長ですけれども、それが一六三人いた。一般兵士、二等兵、一等兵、上等兵の給料一〇円以下の「兵士」は、一二一七名いたのです。

七三一部隊という膨大な組織の中で、ほんの一握りは三〇〇円の月給をもらっていて、一番下の、徴兵されて戦闘犠牲者も多い兵士は、たった一〇円の月給で留守家族に仕送りもできないような生活をしていたことが給与表からも見えてきます。もっとも、「外地」では特別の手当が出て、七三一部隊はその恩恵も受けていたはずです。

人体実験・細菌戦の実行部隊は技師という名の青年将校

もう一つ、次頁の俸給表に書き加えましたが、軍属の中の技師というのは、軍人ピラミッドの将校級です。正確に言うと、技師の六等、五等、四等……とあるのですが、技師の一等が大佐級、六等が二木秀雄の初めの身分で少尉待遇です。彼は、敗戦時は二等技師で中佐級でした。月給・待遇は、ほとんど軍人である軍医と同じです。軍属の技師、つまり医学博士号を持つ医師たちの中で、実際に人体実験や細菌戦をした実行部隊は、青年将校格です。

石井四郎たち軍医将校は命令を下す側ですが、実際にペストノミの爆弾を作ったり、平房本部や安達の実験場で生体実験をしたのは、だいたいが一九一〇年前後の生まれ、当時三〇代後半から四〇代の技師の医者たちです。兵士の下士官に相当するのが技手です。難しい言葉で言えば、技師というのは高等官で天皇の任命になるのですが、技手というのは判任官で曹長、軍曹、伍長クラスです。

このように、七三一部隊には二つの系列があって、軍人の系列と軍属の系列のピラミッドがあります。雇員が一二七〇人、傭人が六三三人、合わせて二〇〇〇人ぐらいの雇い人がいるの

	陸軍	月額	年額	海軍	月額	年額	軍属
将校（士官）	大将	550	6600	大将	550	6600	
	中将	483	5800	中将	483	5800	
	少将	416	5000	少将	416	5000	
	大佐	370	4440	大佐	345	4150	技師
	中佐	310	3720	中佐	268	3220	
	少佐	220	2640	少佐	194	2330	
	大尉	155	1860	大尉	158	1900	
	中尉	94	1130	中尉	94	1130	
	少尉	70	850	少尉	70	850	
准士官	准尉	110	1320	兵曹長	101	1220	技手
下士官	曹長	75	900	上等兵曹	55	660	
	軍曹	30	360	一等兵曹	28	346	
	伍長	20	240	二等兵曹	23	278	
兵士	兵長	13	156	兵長	16	192	雇員傭人
	上等兵	10	120	上等兵	13	156	
	一等兵	9	108	一等兵	11	139	
	二等兵	6	72	二等兵	6	72	
							労工

単位：円　等級：一等級　端数：切捨

当時の諸物価	
はがき	2銭
銭湯	8銭
米（10kg）	3円36銭
巡査初任給	45円

大浜徹也、小沢郁郎編『帝国陸海軍事典』同成社、1984年を参考に筆者が「軍属」情報を加えたもの

で、軍人の系列よりも軍属の系列の方が、数としては多いのです。

戦友会「精魂会」「房友会」名簿に残されたのは一割の三〇〇人弱

この厚生労働省の記録は、七三一部隊に誰が所属していたのかの記録です。軍人恩給をもらうときには自己申告で軍歴証明書をもらわなければならないのですが、それを都道府県援護局で発行するための台帳です。軍人の兵士や軍属でも技師・技手には恩給が出るものの、軍属の雇員・傭人には出ません。もともと兵士たちは軍歴を隠すように言われていましたから、申請しなかった元隊員が多数存在した可能性があります。

ハバロフスク裁判の被告・証人にされた以外の、シベリア抑留帰りの一〇〇〇人以上は、七三一部隊への所属を隠して帰国し、その後もずっと隠し続けた人が多いはずです。厚生省名簿の中に入っている可能性はありますが、恩給を申請しなかったかもしれません。

重要なのは、朝鮮人、中国人も七三一部隊に入っていた可能性がある一方で、厚生省の記録には出てこないことです。中国側の研究・証言では、中国人は「労工」という名前で出てきます。先の身分図で言いますと、軍属最下層の雇員、傭人よりもさらに下に「労工」がいて、これがだいたい中国人の役割でした。彼らは日本人にこき使われながら、ノミやネズミの世話などのいわば汚れ仕事をやっていました。この人たちは、日本軍に使われたのに、厚生労働省の名簿には初めから入らないのです。

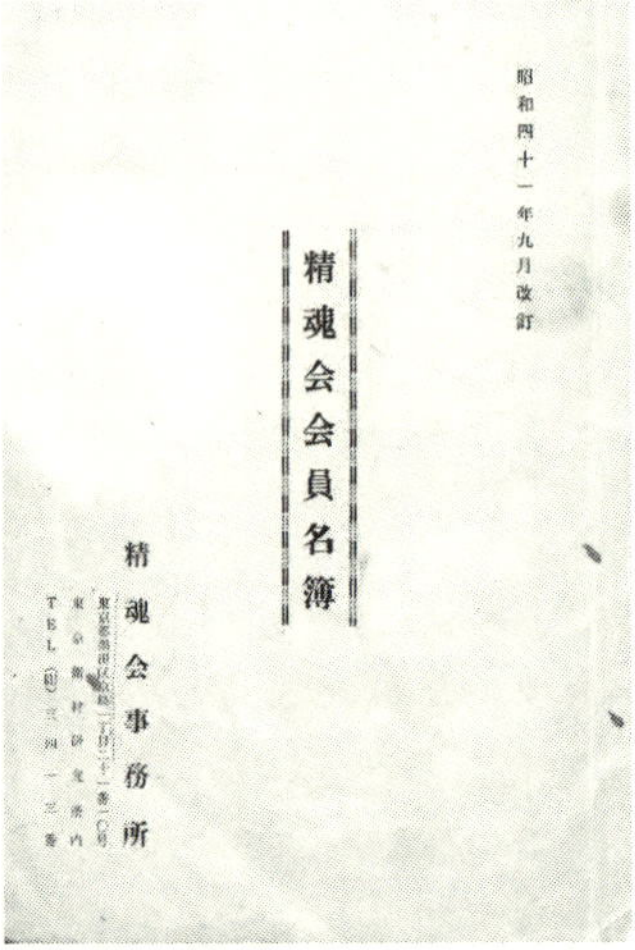

精魂会会員名簿

朝鮮人については、朝鮮人のマルタ（人体実験被験者）犠牲者が今まで五人見つかっているそうですが、現在でも朝鮮族の多いハルビン地域の特性から言うと、当時は日本国籍で七三一部隊に動員された朝鮮人が働かされていたのではないかと私は考えています。この中国人・朝鮮人は、厚生労働省の三五六〇人には入っていないのです。

一九五五年に、二木秀雄らが中堅幹部以上の隊友会「精魂会」を作って、多磨霊園の精魂塔を建てて、それから毎年一回、八月に集まるようになりました。この集会はだいたい、森村誠一『悪魔の飽食』が出る一九八〇年頃まで続いています。しかし精魂会の会員は、だんだん皆年をとって、亡くなっていきます。

この他に、「房友会」という、当時七三一部隊に一四、五歳で雇われた少年兵の組織があります。こちらは若いですから、一九九〇年代まで存続しています。一九九〇年代に房友会が作った「房友会名簿」があるのですが、その名簿の中には、「旧精魂会の人たちも全部入れた」と書いてある。旧七三一部隊に関係した幹部たちの精魂会の名簿のほかに、例えば飛行兵の波空会とかもあったのですが、そういういくつかの同窓会組織をまとめた房友会の一九九二年名簿に出ているのは、亡くなった人を含めて三〇〇〇人弱です。

つまり、三五六〇人のうちの一割については、戦後も連絡がとれたことがわかっているのですが、残りの三〇〇〇人以上の人たちは、一体どうなってしまったのだろうかというのが、未解明の大きな問題です。その謎を追いかけたのが、私の『「飽食した悪魔」の戦後』です。

二　一般隊員の「三つの掟」と幹部たちの隠蔽工作

第一段階「隠蔽」一九四五年――「徹底破壊焼却」

戦後、七三一部隊全体の隠蔽・免責・復権が進みますが、第一段階「隠蔽」の段階は、終戦より早く始まります。

一九四五年八月一〇日に、大本営から「七三一部隊の痕跡はすべて地上から永久に抹殺せよ」という命令が来て、少なくとも四〇人、最大四〇〇人と言われますが、当時牢獄に入れられていた日本軍の捕虜「マルタ」（中国人、ロシア人等）を、ガス室や銃で皆殺しにして焼却し、灰を松花江に流して「始末」しました。大量虐殺です。一方で、大本営からは「徹底破壊焼却」せよと言われた実験器具やデータを、石井四郎はこっそりと日本へ持ち帰ります。

その際、石井四郎隊長から隊員たちに、「三つの掟」が伝えられました。これは、平房本部にいた一三〇〇人の七三一部隊の関係者にとっては、戦後生きていくプロセスで、ずっと耳に残っている言葉でした。各支部にも伝えられたようですから、これを守り切った人が、おそらく数千人はいただろうと思われます。

一般隊員を縛り続けた「三つの掟」

掟の第一は、「郷里に帰ったのちも、七三一に在籍していた事実を秘匿し、軍歴をかくすこと」、つまり七三一部隊にいた事を言ってはいけないということです。だからシベリアに抑留された人でも、七三一部隊所属を偽り、そのために早く帰れた人が、抑留者の中にいたのです。これを生涯守り続けた人が圧倒的です。

二つ目は、「あらゆる公職につかぬこと」です。公務員とか公職に就けば、公の履歴書を出さなくてはいけない。それにどう書くかという問題が出てくる、だから民間に就職しろと言う。ただしこの第二の掟は、帰国直後から破られていきます。一九七三年の精魂会の名簿を見ると、国公立大学の教授を含め、二割が公務員です。石井四郎ら幹部の軍医将校は公職に就きませんでしたが、他の人々は、生活のために、公職でも就かざるをえなかったのです。

とばっちりを受けた例を言いますと、一九四八年に帝銀事件が起こります（第Ⅲ部で詳述）。犯人は毒物を扱える旧軍の出身ではないかと、七三一部隊の出身者が捜査対象になりました。警視庁は全国を回って、旧七三一部隊関係者の聞き取りをします。

そのうちの一人は当時たまたま国鉄に勤めていました。すると、職場に警視庁が来て「お前、帝銀事件の時に何をやっていた？」とアリバイを聞かれる。その人は、「いやアリバイがあります。ちゃんと働いていました」と答えるのですが、同時に警視庁は上司に「この男は昔、満州で細菌を扱う部隊にいた」と言ってしまい、そのために失職した例があります。

この「公職につくな」という掟は、軍医ではなく技師であった中堅幹部の医師・医学者から率先して守られなくなったのが実状でした。しかし一般隊員に対しては、掟として強いられていたようです。

掟の三つ目に、「隊員相互の連絡は厳禁する」というのがあります。七三一の軍歴を明らかにするな、公職に就くな、隊員相互の連絡をするな――これを厳密に守れば、七三一部隊員は、一生一人でこの三つの掟を守り続けて生きて行かなければならなりません。ところがその制約も、その後に変わっていきます。何より幹部たちが名簿を握り、管理し、謀議していたのです。

一般隊員は「一時帰休・自宅待機」へ

一九四五年八月一〇日に「徹底爆破焼却、徹底防諜」と指示が出て、八月末には平房本部の一〇〇〇人以上が帰国します。当時、隊長だった石井四郎により、増田知貞（当時の金沢仮本部の代表）を通じて、帰国した隊員たちは、門司や下関などの港で「自分の故郷へ帰れ、その代わり連絡先を残しておけ」と言われ、名簿が作られました。北海道地方、東北地方、九州地方……という具合に、都道府県ごとに帰省先の詳しい名簿が作成され、その名簿は、金沢に仮本部をおいた幹部たちが独占することになりました。

第三の掟で「相互に連絡を取るな」と言いながら、七三一部隊の幹部たちは一般隊員の連絡先を確保し、監視するのです。

八月の段階では七三一部隊を直ちに解散すると言っていたものの、前述の石井「終戦当時メモ」にもあるように、やがて、隠れて部隊を存続し秘密組織にしようとします。

九月二〇日、石井四郎が金沢の仮本部から『通告』という指示を出します。「お前たちをいったん退職させることにしたけれども、それを取り消す。今後も給料は払う。今後とも本部の方から、何らかの形で連絡が行くので、その指示に従うように」という命令です。

その給料を、口止めのための「退職金」と受け取った人もいるのですが、数年間にわたって月一〇〇円や、三〇〇円などをもらった人が実際に出てきます。ですから多くの一般隊員、特に若い少年隊員は、「一時帰休命令、自宅待機」と受け止めました。

平房にいた一三〇〇人については、そのような形で金銭的にも面倒を見て、部隊を解散しないまま、秘密裡に七三一部隊を残しておくのです。

帝国軍隊はなくなったのに、七三一部隊と「三つの掟」は残された

実際に石井四郎は、警察予備隊ができて日本の再軍備が始まった朝鮮戦争の頃に、細菌戦が必要になると考えて、七三一部隊の再建を検討するのです。

ところが他の幹部たちは、もう石井四郎に付き合うのは嫌だと言って、誰もついて来ない。

これが日本ブラッドバンク創設の裏事情にもなりました。朝鮮戦争では石井四郎は個人として米軍に協力したようですが、他の幹部・中堅医師たちは、日本ブラッドバンクや隊友会「精魂会」を作って、石井四郎から離れていきます。『「飽食した悪魔」の戦後』で私は、石井四郎を「敬して遠ざける」と書きました（三二五頁）。これは、だいたい一九四九〜五〇年のことです。

このことによって、事実上、七三一部隊は自然消滅します。ただし、軍隊の正式な解散命令が出たことがないのが、七三一部隊です。他の軍隊は、だいたい一九四五年八月末に武装解除命令が出されます。武器を米軍やソ連軍ないし中国の国民党軍に引き渡すことで、軍隊として武装解除されたのです。一九四五年一二月には陸軍省と海軍省が廃止され、帝国軍隊そのものが無くなってしまいます。「次は、引揚・復員だ」と言って、「復員省」という名前になり、その機能は、後の厚生省、現在の厚生労働省に引き継がれました。

日本軍は一九四五年に完全に無くなったはずなのに、七三一部隊は、その後も残されます。戦後も一部の隊員には給与まで払われていた不思議な部隊です。

これと似たような例を、一つだけ私は知っています。それは、スパイ養成の陸軍中野学校です。これも解散命令がいつ出たかわかっていません。「やがて日本は甦る」と信じた中野学校卒業生たちが、東南アジアやフィリピンで「残置諜者」になりました。

一九七四年、中野学校出身の小野田寛夫少尉が、フィリピンで「まだ戦争は終わっていない」と信じて密林に潜んでいたのが見つかりました。日本の厚生省は彼の元上官を連れて行って、「既に日本軍は降伏した。貴君に対する軍の命令を解除する」と言って、ようやく小野田さんは帰国したのです。これに近い特殊な秘密部隊が、七三一部隊でした。

この特殊性が、どうして七三一部隊が靖国神社ではなく、多磨霊園の小さな名前の無い精魂塔に集まるのかという理由とも関係するのです。

七三一部隊の人たちは「天皇陛下のため」と信じて人体実験までやったけれども、戦争が終わったら、天皇に戦争責任が及ばないようにするため、隠さなければならない存在となりました。つまり、旧軍人の中の日陰者、天皇の軍隊の鬼子とされたのが七三一部隊だったのです。彼らは、自分たちは戦争で重要な役割を果たしたはずだと信じ、いつか再び自分たちが必要になると信じて、戦い続けるつもりだったのです。

そのため一般兵士や少年兵たちは、敗戦後の帰郷を「一時帰休命令・自宅待機」と受け止め、「三つの掟」も生き続けることとなりました。

米軍第一次サンダース調査への隠蔽工作

一九四五年中は、七三一部隊の存在そのものが隠されることになります。帰国した幹部たちは口裏を合わせて、石井四郎以下七三一部隊はまだ満州に残っていると偽装します。一一月には、石井四郎の出身地で、現在の成田空港の近くにある千葉県加茂村で、石井四郎隊長の偽装葬儀さえ画策されました。

アメリカは、一九四五年八月末に、七三一部隊の細菌兵器を調査するために第一次サンダース調査団を送ってきます。その後、第二次のトンプソン調査団、第三次のフェル調査団、第四次のヒル調査団と、一九四五年から四七年まで四次にわたって、アメリカ軍は七三一部隊の細菌戦を調査するための調査団を送り込みます。

重要なのは、サンダースを日本で出迎えたのが、GHQという四〇万人の大きな占領軍の組織の中でも、治安・諜報部隊、ウィロビー少将の率いる参謀二部「G2」だったことです。

マッカーサー元帥が八月三〇日に到着するのに合わせて、その迎え入れのために最初に日本に入るのが、占領軍の中でも治安部隊なのです。米軍占領下の日本で、細菌戦調査の手はずと世話、宿舎・食事から通訳・要員の手配、どこで誰を尋問したらいいかという情報を持っていたのが、参謀二部G2でした。そこに対応する敗戦国・日本側の窓口は、陸軍参謀二部でした。これも情報部で、管轄していたのは有末精三中将です。

要するに、アメリカ軍による細菌戦の調査は、軍の情報・諜報部、インテリジェンスからスパイ謀略までを担当する部門「G2」に任されたのです。しかも、第二次・第三次・第四次米軍調査団も、全てG2の管轄・管理下で行なわれたのです。

GHQの中には、PHW（公衆衛生福祉局）があって細菌学者も所属し、ESS（経済科学局）の中にも生物学や生理学の科学者がいました。軍医や科学者が配属されたという意味では、いろいろな部署があったのです。しかし、七三一部隊の細菌戦の調査に限っては、G2が最初から最後まで独占的に扱うことになりました。

治安諜報部隊G2に管理された米軍細菌戦調査

「石井四郎がこっそり日本へ帰って来たことを、アメリカ軍は知らなかった」という説がありますが、それは半分正しく半分間違いです。GHQのG2だけは、早期に帰国した石井の所在をつかんで身柄を保護し、監督していました。

当初、戦争犯罪調査で石井四郎を捜していたのは、CIC（対敵諜報部隊）でした。四五年当時はCIS（民間情報局）のソープ准将の指揮下にあって、日本の非軍事化・民主化という、ポツダム宣言の忠実な実行にあたっていました。戦争犯罪を裁き、日本を民主化し、後には日本国憲法を作る路線で、GS（民政局）が中心となり主導します。

それに対してG2は、ソ連共産主義との対抗で、過度の民主化に反対します。例えば共産党員など政治犯の釈放にも反対しました。G2のウィロビーのもとで七三一部隊の問題が処理されたことが、その後の免責交渉、復権の大きな土俵になるのです。そういう意味で、七三一部隊が米軍G2の独占的管轄下に入ったことが、きわめて重要です。

サンダースの調査に対して、「細菌戦の医学研究はやっていたが、攻撃用ではなく防御的な研究だった」というのが、直接尋問されたナンバーツーの増田知貞、陸軍軍務局の新妻清一、陸軍軍医学校防疫給水部を率い通訳も兼ねた内藤良一、影で暗躍した参謀本部の有末精三、通訳の元外交官亀井貫一郎らの、米軍に対する口裏合わせの答えでした。

しかし、サンダースの厳しい尋問を受け、完全秘匿ではうまく行きそうもないことが露呈します。当時、石井四郎はまだ隠れていましたが、サンダースが「戦犯調査ではなく細菌学の調査だ」と言うのを聞いて、内藤良一らは人体実験とペストノミ爆弾撒布だけは隠し、平房での医学的研究についてはむしろ積極的に供述して米軍に取り入り、戦争犯罪人としての訴追を逃れる方向に転換します。さらには、サンダースのほか、米軍G2関係者を宴会・パーティで接待して、恭順を示したのです。

翌一九四六年一月になると、第二次トンプソン調査団がやってきて、G2は石井の身柄を隠しきれなくなりました。そこでCICに対して、石井四郎と中国から召喚された第二代隊長北野政次の尋問を許可します。ただし、北野の帰国に際して作られた関係者の意思統一「北野中将へ連絡事項」というのがあり、話していいことと隠すべきことの振り分けが行なわれました。

これが、第一段階の「隠蔽」から、第二段階の「免責」への転換点になります。

三　人体実験データ提供とバーターでの戦犯不訴追・免責

第二段階「免責」――G2管理下のトンプソン調査

一九四六年一〜三月のトンプソン調査団にも、G2と七三一部隊幹部が合作した口裏合わせが通じました。トンプソンは、隊長だった石井四郎と北野政次にも尋問でき、七三一部隊の概略は把握できたのですが、国際法違反の人体実験と細菌戦の実行までには踏み込むことができませんでした。

尋問のすべてに、必ずG2（参謀二部）の将校が立ち会いました。ソープ准将指揮下のCIS（民間情報部）の戦犯尋問にも石井は応じましたが、これもG2を通じてのことです。

つまり、日本を占領した米軍の中で、石井を囲い込んだウィロビーの反共謀略部隊（G2）と、非軍事化・民主化を進めるホイットニーやケーディスのGS（民政局）や、ソープ准将のCIS・CIC（対敵諜報部隊）が、当初は互いにせめぎあっていたのです。

石井四郎はG2の管轄下にあるものですから、戦犯として訴追しようとするCISへの防壁となっていました。

一九四六年五月には、G2ウィロビーの策略で、CISのソープ准将が解任され、CISとCICが、組織ごとG2ウィロビーの支配下に入ります。非軍事化・民主化を進めるGSに対してG2ウィロビーが勝利し、民主化へのブレーキがかかることになりました。G2はGHQ内部で、巨大な権力を実質的に掌握しました。

チャールズ・ウィロビー

国際検察局IPS・法務局LS捜査へのG2の妨害

ただしGHQは、米軍兵士だけでも四〇万人以上の巨大な占領機関です。当時、戦犯追及を行なっていたのは、CIS・CICだけではありません。次頁のGHQの組織図のように、いろいろな部局が存在しました。

その中に、国際検察局（IPS）があります。これは、極東国際軍事裁判（東京裁判）のために特別に作られた部局で、誰が国家犯罪としての日本の戦争に重要な責任を持ったのかを調べる部署です。

IPSのモロウ大佐は、一九四六年には、満州侵略や南京虐殺など日中戦争との関連で七三一部隊に注目し、石井四郎以下を尋問しようとしました。ところがG2は、石井四郎ら幹部医師はG2の「絶対的管轄下にある」と言って、直接尋問を許さなかった。結局、中国で現地調

GHQ機構

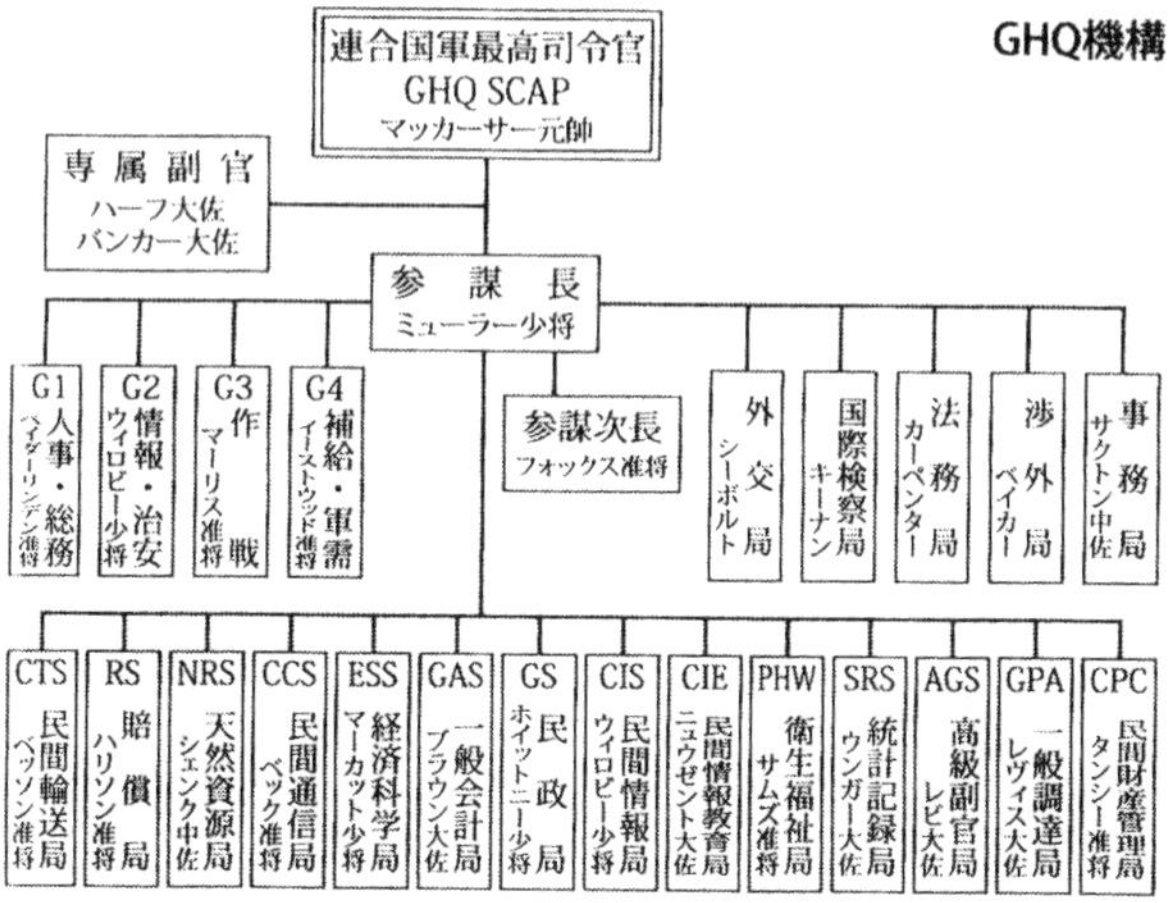

G2とZ機関

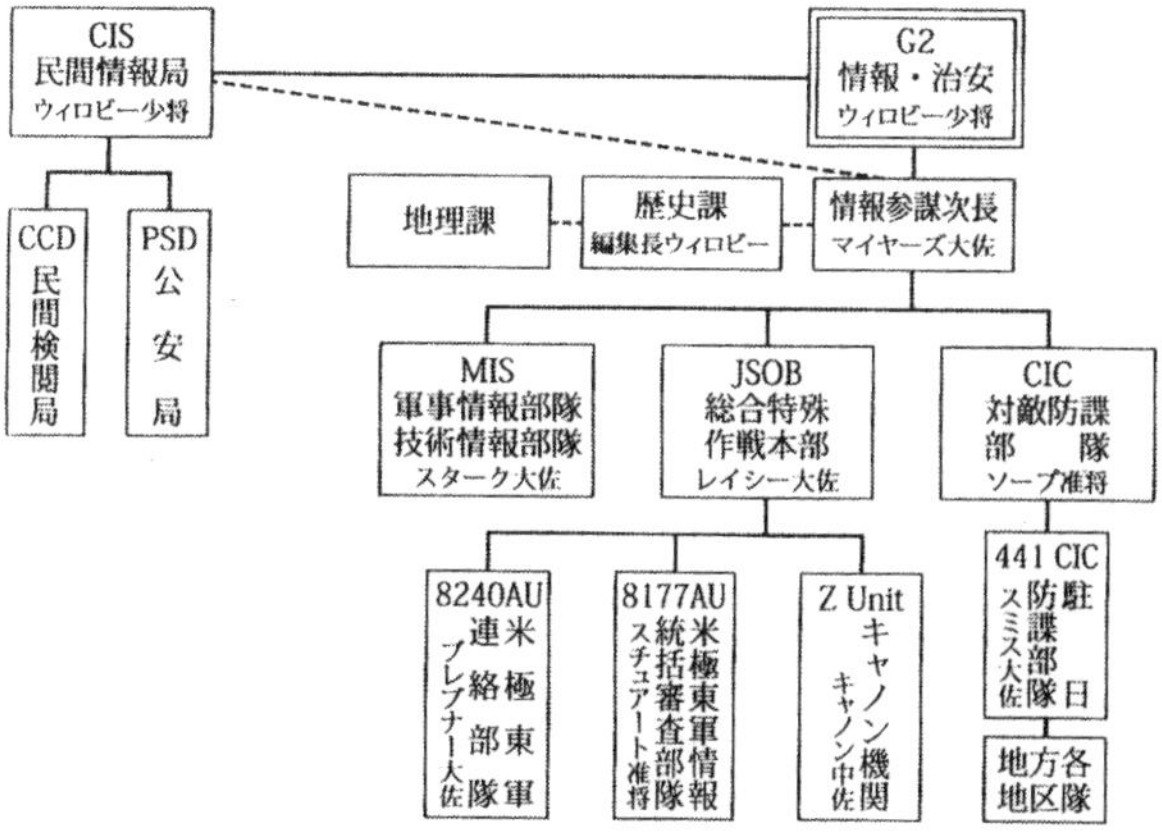

（出典：延禎『キャノン機関からの証言』番町書房、1973年、71頁をもとに作成）

出典：加藤『ゾルゲ事件』（平凡社新書、2014 年）、94 頁

査まで行なったにもかかわらず、国際検察局の管轄、つまり極東国際軍事裁判の被告を決める作業の中では、石井四郎らは起訴されないことになります。

それればかりではありません。やはりGHQの中に、法務局（LS）という部署があります。IPSは、極東国際軍事裁判でA級戦犯（「平和に対する罪」）を主に扱うのに対して、法務局は、BC級戦犯、B項「通例の戦争犯罪」とC項「人道に対する罪」の直接の実行犯、捕虜を虐待したり銃殺したりした軍人たちを捜査していました。

いわゆるBC級戦犯は、A級に比べて重要でないという意味ではありません。従来の国際法でも規定されていた戦争犯罪を裁くもので、それは、GHQの中でLSが担当していたのです。日本国憲法が作られる一九四六年頃、法務局にはいろいろな投書が来て、「満州に石井部隊というものが存在し、そこで人体実験をしていた」などという告発記録が積み重なっていました。そこで法務局のスミス中佐たちが、七三一部隊が人体実験を行なったかどうかを調べようとしましたが、これもG2のウィロビー少将が「七三一部隊の問題は自分たちが調べているから任せてくれ」と妨害し、証拠集めが不可能になりました。

そのためLSのスミス中佐らは、戦時中に米軍機が墜落し、その搭乗員を捕らえて九州大学で解剖した事件（九大米兵解剖事件）を起訴することで、人体実験の代表事例にしました。

つまり、石井四郎を隠していた段階から、日本にいることが表に出た段階で、国際検察局や法務局が「石井四郎たち、七三一部隊が怪しい」と戦犯調査を始めたのですが、それをG2が妨害して、石井と七三一部隊を救ったというのが、第二段階にあたる「免責」の局面です。

この頃、二木秀雄は『政界ジープ』という、タイトルそのものに進駐軍のジープを使う時局雑誌を出して、GHQに迎合します。最高時自称一〇万部で、医薬企業の広告が多く、側面から七三一部隊の最高幹部の免責工作を助けていました。

ソ連の照会からワシントンで決められた不訴追最終決定

第二段階にあたる「免責」の最終段階は、従来の「占領軍対日本人関係者」との構図とは違ってきます。つまり、東西冷戦の始まりによって、図式がより国際的になったのです。

ソ連で抑留された日本人捕虜六〇万人の中でも、七三一部隊の川島清少将や柄沢十三夫少佐が捕えられ、「七三一部隊で細菌戦をやっていた」、「人体実験があった」と具体的な供述を始めます。連合軍の一員であるソ連は、その情報を「これは重大な戦争犯罪だ」とGHQを実質的に支配するアメリカに伝えて、石井四郎中将・菊池斉《ひとし》少将・太田澄大佐の有力幹部三人の身柄引き渡しと尋問を要求します。これは、一九四七年初めのことです。

極東国際軍事裁判の国際検察局（IPS）は、アメリカほか一二ヵ国の検事たちで構成され、ソ連側検事も含まれていました。ソ連側検事団が、まだ非公式ですが、そこに七三一部隊の問題を持ち出してきたのです。

ソ連が石井の尋問を要求して国際問題になりそうだということで、マッカーサーの占領軍の総元締めであるワシントンの三省調整委員会（国務省、陸軍省、海軍省）で方針を検討することになりました。ウィロビーたちが三省調整委員会にさまざまな電報を送って、ソ連に石井四郎を尋問させてよいのかどうかと問い合わせました。

結論を言えば、ソ連はアメリカ側立会のうえで三人の尋問ができましたが、石井らは米軍G2によってあらかじめ答えていい範囲が予行演習されており、尋問にもG2将校が立ち会って、ソ連側は成果がありませんでした。

アメリカ側は、「彼らを戦争犯罪人にするよりも、彼らが保持しているデータが有益なものならば、彼らのデータをソ連に渡さず独占することを優先して、彼らを戦犯にする必要はない」と判断し、免責の決定が出されることとなりました。

石井四郎は「文書で約束しろ」と要求したのですが、さすがにワシントンの国務省が反対して、戦犯を免責すること自体は、文書にはなりませんでした。

要するに、人体実験・細菌戦データを七三一部隊幹部が米国に提供すれば戦犯にしないという約束が、ソ連側の問合せをきっかけに、四七年中に決まるのです。

第三次フェル、第四次ヒル調査団への実験データ提供と二五万円の対価

一九四七年には、第三次フェル調査団、第四次ヒル＝ヴィクター調査団という、第一次サンダースや第二次トンプソンよりはるかに権限の大きい細菌戦専門の調査団が日本へやって来て、七三一医師たちを次々に尋問します。この段階で、石井四郎以下の主だった幹部たちは、率先してアメリカ側に情報を提供し、実際細菌戦ではナチス・ドイツよりも進んでいたと認められたため、戦犯にならないで済むのです。二木秀雄も、結核班長として尋問されます。

アメリカは、医師たちを料亭やホテルでもてなすことまでして、七三一部隊の細菌戦データを独占します。アメリカは、フェル博士が一九人、ヒル博士は数十人の医師・医学者たちから詳細な証言とデータを得ます。特に金沢医科大学の石川太刀雄の集めた人体実験の標本データは非常に価値がありました。調査のための総費用は、二五万円（現在に換算すると約二五〇〇万円）に上ると言われています。

米国側ヒル＝ヴィクター調査団の最終報告書には、「この調査で収集された証拠は、この分野のこれまでにわかっていた諸側面を大いに補充し豊富にした。それは、日本の科学者が数百万ドルと長い歳月をかけて得たデータである。情報は、特定の細菌の感染量で示されているこれらの疾病に対する人間の罹病性に関するものである。かような情報は我々自身の研究所では得ることができなかったものである。なぜなら、人間に対する実験には疑念があるからである。これらのデータは今日まで総額二五万円で確保されたのであり、研究にかかった実際の費用に比べれば微々たる額である」と書かれました。

七三一部隊で人体実験があったことを百も承知で、自分たちはとてもできない、だからこそ二五万円でも安上がりな貴重なデータである、と言うのです。

東京裁判そのものは、四八年一一月に結審するのですが、その一年前の四七年一二月段階で、七三一部隊の免責・不訴追が、米軍によって保証されることになりました。

二木秀雄も、このヒル、フェル調査団に協力し尋問を受けましたが、すでに出版ビジネスに入った結核菌担当ということで、梅毒人体実験や総務部企画課長についての尋問はなく、脇役にとどまりました。

帝銀事件捜査に協力した七三一部隊の実質的解散

こうして一九四七年末には、七三一部隊の免責・戦犯不訴追がほぼ決まるのですが、一つだけ、ややこしい問題が起きました。それが、「掟」の項で前述した、四八年一月に起きた帝銀事件です。東京の池袋に近い帝国銀行椎名町支店に、占領軍の衛生調査だと称して、厚生省の「松井」という名刺を持った犯人が、行員たち一六人に二回に分けて薬を飲ませて、一二人が亡くなったという大量毒殺事件です。当時、犯行現場に残された重要な物証は、二つです。

一つは厚生省の松井という名刺でした。ところが実在した厚生省の松井氏には犯行時に明確なアリバイがあり、百枚ほどの名刺を配ったことはあるが、犯人でないことははっきりしていました。そこで、彼が名刺を渡した相手で、その名刺を保存していない人物が怪しいということになりました。警視庁の捜査員は、松井の記憶にもとづき、会って名刺を渡した相手をたどって「松井さんの名刺をあなたはお持ちですか」と聞きまわる。それで松井名刺が出てくればOK、つまり帝銀事件で使われたものではないことになる。それで次々に、松井の交友関係がしらみつぶしに調べられてゆきます。

もう一つの物的証拠は、コップに入れて二度に分けて飲ませた青酸化合物です。犯行に使われたのは、即死になる青酸カリではなく、すぐには効かない（遅効性）青酸化合物でしたので、青酸ニトリールだろうと言われていました。

そうした特殊な青酸化合物を扱える日本人が捜査の対象になります。そこで、関東軍七三一部隊関係者、川崎の陸軍登戸研究所、千葉の陸軍習志野学校等々、旧軍隊の中で毒物研究をやっていた特殊機関の関係者が、広く捜査の対象になったのです。

当然のことながら、七三一部隊の石井四郎たちも警視庁の尋問を受けます。七三一部隊は、四五年八月に帰国した際に「いざというときには、これで自決せよ」と全員に青酸カリを配っていますから、一般隊員でも青酸化合物を持っていました。石井四郎は、四八年七月頃には「どうも自分の部下に犯人がいるようだ」と警視庁の捜査員に言い出します。

G2の妨害で青酸捜査断念、生け贄にされた平沢貞通の冤罪

ところが捜査の段階で、またG2のウィロビー少将の方から「待った」がかかります。

当時、ウィロビー直属のG2歴史課に所属していた、旧参謀本部の情報将校だった有末精三と服部卓四郎の二人が警視庁に乗り込んで、「この旧軍関係のルートの捜査は占領軍の所管な

ので中止せよ」という命令を伝えたのです。つまり、国際問題になるから調べるな、と脅したのでした。そのために、警視庁の捜査方針は、最有力だった青酸ルートの捜査はやむなく断念・中止して、松井名刺ルートに絞ることになりました。その松井名刺を追いかけて、松井と会ったことがあるが松井名刺は紛失したという男が、八月に逮捕されます。

それが画家の平沢貞通で、後に自白だけをもとにして死刑囚になります。青酸は絵具を作るために使ったということにして、何らの物証もなく、強制された自供だけで、平沢貞通が犯人にされてしまう。七三一部隊から真犯人が出なかったから、生贄として警視庁に逮捕され、そのまま死刑が確定し、獄中で病死してしまったと見てよいでしょう。帝銀事件の真犯人は今でもわかりませんが、平沢の冤罪はほぼ間違いなく、現在でも再審請求が続いています。

不幸なことに、ちょうどこの一九四八年七月に新しい刑事訴訟法ができて「自白だけでは証拠にならない」ことになるのですが、一月の帝銀事件当時は、まだ自白中心の旧刑事訴訟法が生きていました。そのために、冤罪事件がその後に残されるのです。

七三一部隊関係者の手記を見ると、帝銀事件の犯人は七三一の仲間じゃないか、自分も帝銀事件で調べられると思った、と書いている人がいる。実際に捜査員が職場に来て、軍歴がばれて仕事を失った元隊員もいました（前述）。

「満州では日常的に毒物を扱っていたから、自分の所にも来るんじゃないかと思った。ところが来なかったからほっとした。それで秘密を守り続けた」という人がいる一方、「自分たちの所には、四五年に一回月給が払われてから、何回か配られたことがあったが、その後全然配られなくなった。帝銀事件の真犯人も、もう部隊から見捨てられたと思って、生活に窮して犯行に及んだのではないか」と考えた関係者もいました。

石井四郎や二木秀雄を含むほとんどの関係者が警察捜査に協力しましたが、この段階では連絡網も機能せず、口裏合わせもできませんでした。個別にＧＨＱや警視庁に投書や告げ口をしたり、石井四郎の悪口を言い出す隊員も出てきました。隠匿資金や物資も乏しくなって、幹部も一般隊員も、みな自分の生活のために必死なのです。

この帝銀事件捜査を、私は、事実上の七三一部隊の解散と考えています。帝銀事件をきっかけにして、ようやく戦犯訴追を逃れた幹部たちも、秘密を守り続ける一般隊員も、それぞれ勝手に動き始めました。

幹部医師の中からさえ、内藤良一のように「みんな石井四郎の命令でやった」と、石井四郎一人に責任を押し付ける声が出てきます。ちょうど東西冷戦がはっきりし、いわゆる「逆コース」が始まる頃です。

四　ＧＨＱ・厚生省と結託した医学者たちの復権

第三段階「復権」――公衆衛生福祉局（ＰＨＷ）サムス准将の七三一医師登用

最終段階「復権」について、『「飽食した悪魔」の戦後』では、ＧＨＱのＧ２ウィロビー少将の諜報ルートと共に、ＰＨＷ（公衆衛生福祉局）サムス准将の感染症対策・医療改革を通じたルートを重視しています。

確かにＧ２は、石井四郎を戦犯捜査から隔離・庇護して免責し、朝鮮戦争でアメリカの細菌戦につかった可能性があります。隠蔽・免責過程で暗躍した亀井貫一郎という黒幕政治家は、自らＧ２の反共謀略活動に加わり、後にはＣＩＡに協力したと自伝（日本近代史料研究会編『亀井貫一郎氏談話速記録』一九七〇年）で述べています。

二木秀雄の場合は、ＧＨＱのＧ２でなければ知りえない情報、ゾルゲ事件の米軍独自調査情報や反共情報、共産党内部の怪文書などを、自分が社主の『政界ジープ』で報道しています。

ただしＧ２は、治安・諜報部隊ですから、七三一部隊出身者を隠蔽・免責するうえでは大きな役割を果たしましたが、戦後社会で隊員たちが生きていくうえでの復権・復活、一般隊員の生活保障には、積極的役割は果たせませんでした。

歴史の表舞台に絶対に出るなと命じられていた七三一部隊関係者が、戦後医学界などで復活し活躍する土台作りとしては、占領軍の中のＰＨＷのサムス准将による医療改革が重要です。サムスの実行したいわゆるＤＤＴ革命は、伝染病・感染症対策のために、有機塩素系殺虫剤ＤＤＴを、復員してきた兵士やノミ・シラミが多い子どもたちにかけ、地域によっては空からばら撒いた衛生対策でした。今では、ＤＤＴは環境汚染物質として禁止されています。日本の医療史・社会福祉研究の中では、サムス准将は「医療民主化の父」「日本の福祉の父」と高く評価されています。生活保護法や学校給食を作って日本人に健康と福祉を教えてくれた人とされている。概して、医学者とか福祉研究の人たちには評判がいい人物です。

私に言わせると、サムス准将は、それまでのドイツ型医学をアメリカ型医学に切り替える上では大きな役割を果たしましたけれども、何よりも軍人なわけです。しかも、アメリカ占領軍の中で一番高い地位の軍医です。サムス准将の管轄下で行なわれたいろいろな改革が、結局は七三一医学の復権につながったというのが、私の考えです。

原爆被害調査と伝染病・感染症対策

サムス准将のＰＨＷがやったことと、七三一部隊の復権との関わりを、以下に六つ挙げます。

一つは、原爆被害調査です。広島・長崎への原爆投下の後、勝利した米軍が、その威力と効果を確かめるために現地に調査に入ります。これもサムスに言わせると、「米軍人だけで入ると、我々がおそわれたり、放射能を浴びる可能性があるので、できるだけ危ない所には日本人を行かせた」というのです。

被爆者の調査で、データは取ったけれども何の治療もしなかったのが、ABCC（原爆傷害調査委員会）など有名な米国の原爆調査です。これを総指揮していたのがサムス准将で、それに石川太刀雄、緒方富雄、渡辺廉、木村廉、小島三郎、田宮猛雄、御園生圭輔、貞政昭二郎等々、七三一部隊関係者が一〇人ほど加わっています。この人たちは、それまでは日本軍の細菌戦を進めていたのに、今度は雇い主を換えて、米軍の原爆調査、「治療なき人体実験データ収集」を忠実に実行するのです。

二つ目のルートは、伝染病・感染症対策です。占領期のサムスは、「我々が着いた国は、恐ろしく貧しく不衛生な国であった」と言います。そこにアメリカ軍の若く健康な兵士四〇万人を連れてきたのです。そこで米軍軍医にとって最大の任務は、まずは不潔な日本人の伝染病からアメリカ軍人を守ることでした。そのために撒布されたのがDDTです。

それから、日本脳炎、赤痢、疫痢等々（日本脳炎で一九四五年から四八年の間に二万人、赤痢、疫痢で一万五〇〇〇人前後が亡くなっています）のワクチンを作り、予防しなければならない。当時の日本で感染症対策の仕事をしていたのは、軍の防疫給水部、七三一部隊のほかに、東京大学伝染病研究所がありました。ところが東大伝研は、京大医学部と並んで、七三一部隊に優秀な若手医師を送り出す、最大の供給基地の一つでした。その東大伝研で予防措置とワクチン製造をやらせて、サムスの命令で伝研を分割し、厚生省の予防衛生研究所（予研）というもう一つの研究所を作って、ワクチンの審査その他をまかせるのです。

この伝研・予研の双方に携わった医師の非常に多くが、七三一部隊の関係者です。日本医学界の大ボスであった宮川米次（第五代伝研所長）、田宮猛雄（第七代で予研改組時の伝研所長）のほか、細谷省吾、小島三郎、柳澤謙、安東洪次、緒方富雄、浅沼靖らが戦後は伝研に籍をおきます。

小島三郎と柳澤謙は、伝研から予研に移って、第二代・第五代の所長となります。特に小島三郎ら栄一六四四部隊からの帰還者は、予研に戻ったケースが多い。朝比奈正二郎、小林六造（初代所長）、福見秀雄（第六代所長）、村田良介（一六四四部隊、第七代所長）、宍戸亮（第八代所長）、北岡正見、堀口鉄夫、若松有次郎（第一〇〇部隊）、黒川正身、江島真平、八木沢行正ら、予研の中心には七三一部隊関係者が多いのです。

その他民間研究所を含め三〇～四〇人の元隊員が、伝染病・感染症対策に携わります。これが第二の復権ルートで、米軍人の健康を守るための対策がとられ、ツベルクリンやBCG接種、ペニシリンやストレプトマイシンが日本に入ってきて日本人の健康も守られる。その陰で、七三一部隊関係者が、米軍によって登用され復権していきます。

医学教育・厚生省を通じて復権した七三一部隊関係者

第三が、医学教育・医学部改革です。それまでのドイツ型医学教育をやめて、医学部だけ六年制の新制大学を作ります。一年間インターンをして、それから国家試験を受け合格者が医者になっていく制度に統一される。この制度を作ったのが、サムス准将です。そういう医学制度・医師国家試験制度の改革には、旧帝大の医学部教授たちの協力が、どうしても必要になる。ところが旧帝大の有力な教授たちの多くは七三一部隊関係者で、本人は嘱託であっても、弟子たちを満州へ送り出していたわけです。この関係で、国立大学や私立・公立大学医学部の教授、国立研究所や国公立機関の公務員になっていった七三一部隊関係者が、数十人います。

軍人である軍医は民主化の進む大学に簡単には戻れなかったのですが、軍属だった技師たちは、ほとんどが大学に戻りました。大学別に東大（田宮猛雄、小島三郎、福見秀雄、細谷省吾、安東洪次、緒方富雄、宮川正、所安夫）、京大（木村廉、正路倫之助、岡本耕造、湊正男、田部井和、内野仙治、浜田良雄、荘生規矩、笹川久吾、浜田稔）、東北大（岡本耕造、加藤陸奥雄）、名古屋大（小川透）、大阪大（藤野恒三郎、谷口典二、木下良順、大月明、岩田茂、渡辺栄）、東京工業大（河島千尋）、埼玉医大（宮川正）、慶應大（安東清、児玉鴻、早川清、三井但夫）、金沢大（戸田正三、石川太刀雄、谷友次、斉藤幸一郎）、京都府立医大（吉村寿人）、大阪市大（田中英雄）、大阪医科大（山中太木）、兵庫医大（田部井和）、名古屋市大（内野仙治、小川透）、信州大（野田金次郎、田崎忠勝）、三重大（潮風末雄）、大阪教育大（篠田統）、岡山大

（妹尾左和丸）、九州大（山田泰）、長崎大（青木義勇）、長崎医大（林一郎、斉藤幸一郎）、熊本大（園口忠男、山田秀一、久保久雄）、久留米大（稗田憲太郎）、熊本医大（波多野輔久）、順天堂大（小酒井望、土屋毅）、日本歯科大（広木彦吉）、昭和薬科大（草味正夫）、帝京大（所安夫）、東京水産大（安川＝関根隆）、防衛医大（増田美保）等々、多くの名が挙げられます。

こうした人々は、サムスのＰＨＷと厚生省の双方に協力し、占領期の医療制度改革・福祉改革の助言者・顧問、各種委員会・審議会の委員になって医学界の権威となり、「白い巨塔」を支配していきます。

その他に、長友浪男が北海道衛生部長から副知事まで上り詰めるのを頂点にして、文部省に入る植村肇、横浜市衛生局長になる山田秀一、岩手県繭検定所長となる松田達雄らは公務員になる。東京都知事となる鈴木俊一も、内務省官僚として一時、七三一部隊山西省分遣隊主計部に在籍しましたから部隊関係者と言えるのではないか、と挙げておきます。

石井四郎らはサムスの特例で公職追放を逃れ病院勤務・開業医へ

第四のルートは、病院勤務医・開業医です。戦後の医師法改正によっても、戦前の医学博士の学位や医師資格は有効でした。戦後の日本は、圧倒的に医師が不足していました。そのために、医師を新制医学教育で育てるだけでは足りず、陸軍病院・海軍病院を国立病院にしても、圧倒的に医師が不足していました。

サムス准将が自伝の中で誇らしげに述べているのですが、当時、軍人で少尉以上だった将校はすべて公職追放されたのですが、軍医についてだけは、マッカーサーとＧＳ（民政局）ホイットニー少将に願い出て、軍医の中佐以下（中佐、少佐、大尉、中尉、少尉）は公職追放の特例扱いとし、国公立病院に勤務してもいいということにしました。それで日本の医療を救った、と記しています。

この病院勤務・開業医が、七三一部隊の四つ目の復権ルートで、大変多いのです。石井四郎・増田知貞・菊池斉・太田澄・内藤良一ら軍医将校だった幹部たちは、だいたい開業医になります。『政界ジープ』の二木秀雄も、一九五〇年にジープ社の隣に素粒子堂診療所を開き、医師を兼業します。

国立東京第一病院の大塚憲二郎、大阪日赤病院の工藤忠雄、国立岡山療養所の小坂愿、東京都立母子保健院の平山辰夫、国立都城病院の篠原岩助、県立都城病院の宮原光則、銚子市立病院の鈴木壌らは、国公立病院に職を得ました。

そのほか隊友会「精魂会」名簿など各種名簿をも参照すると、高橋正彦、江口豊潔、野口圭一、伊藤文夫、景山杏祐、加藤真一、可知栄、貴宝院秋雄、倉内喜久雄、児玉鴻、隈元国夫、高橋伝、竹広登、巽庄司、田中淳雄、中田秋市、中野信雄、夏目亦三郎、野呂文彦、早川清、羽山良雄、肥野藤信三、樋渡喜一、北条円了、細谷博、松下元、三留光男、平山忠行、高橋僧、池田苗夫、渡辺康、渡辺栄、小林勝三、大石一朗、三木良英、中野新らが、開業医ないし病院勤務医になりました。

ソ連のハバロフスク裁判の被告だった川島清は、一九五六年帰国後に千葉県八街市少年院医師、西俊英は東京で開業医になりました。中国瀋陽裁判被告の榊原秀夫は、山口県で病院勤務医になったようです。

ミドリ十字など医療ビジネス、薬事産業参入

第五のルートは、医薬産業・医療ビジネスです。ここで二木秀雄は、大変重要な役割を果たします。七三一部隊には、薬学博士もいますし、獣医も理学博士・農学博士もいました。薬品や検査機器など医療機器も、膨大なものを持っていました。特に細菌爆弾を製造した日本特殊工業の宮本光一らは、七三一部隊に寄生して大儲けをしました。内藤良一は、戦後は一時期東芝生物理化学研究所新潟支部長を勤め、郷里の京都に戻り小児科医をしてから、二木秀雄・宮本光一と共に、日本ブラッドバンクを創設します。

武田薬品研究部長となった金沢謙一、日本製薬の国行昌頼、興和薬品の山内忠重、日本医薬工場長の若松有次郎らは、製薬業界に入りました。鈴木重夫（後に精魂会事務局）の東京衛材研究所、早川清の早川予防衛生研究所、八木沢行正の抗生物質協会、目黒正彦・康雄の目黒研究所、加藤勝也の名古屋公衆医学研究所なども、医薬業界の一部でしょう。

この業界は、もともと厚生省官僚の格好の天下り先で、東大教授等を経た医学者たちが、顧

問などの名目で迎えられる民間就職先でした。七三一部隊関係でも、例えば安東洪次は、伝研教授から武田薬品顧問となります。金子順一も、予研から武田薬品です。

こうした医薬業界に、出版業の二木秀雄は、四六年の『政界ジープ』創刊時から広告取りで手を広げていました。また七三一部隊の重要な実験資材・機器納入業者であった日本特殊工業は、社長の宮本光一が石井四郎の隠蔽から免責までの陰のパトロンとなり、自宅・別宅を隠れ家や秘密会議用に提供して、幹部たちの戦後を援助してきました。

今日七三一部隊の戦後の象徴とされる日本ブラッドバンク創設からミドリ十字、薬害エイズ事件にいたる流れは、この医療ビジネスに関わった内藤良一、二木秀雄、宮本光一の発案によるものでした。

設立時の株主名簿には、野口圭一、太田澄、佐藤重雄、石川太刀雄、星野隆一、谷友次ら七三一部隊関係者の名前が見られます。後に東京プラント所長・役員になる北野政次、京都プラント所長・役員になる大田黒猪一郎、陸上自衛隊衛生学校と兼任でミドリ十字に関わる園口忠男らを迎え入れ、日本ブラッドバンクやミドリ十字は、医学者・医師として立ち直った旧七三一部隊関係者の復権拠点、ネットワーク再建の核となります。

米軍四〇六細菌戦部隊とのつながり

サムスの医療改革・医療民主化の陰で、七三一部隊の医師・医学者が大量に登用され、復権していくのが、日本の占領の悲しい現実でした。

日本を占領した米国軍のなかに、「第四〇六部隊」というのがありました。日本では一九四六年五月に横浜でスタートし、やがて丸の内の三菱ビルに移転、一九五六年に厚木の米軍基地内に移ります。この部隊は、細菌学・化学・昆虫学・寄生虫学・病理学・血清学などの研究部門をもち、米軍将校教授九人、助教授二人、技術研究者二五人、さらに一〇〇人以上の日本人研究者で構成されていました。これが七三一部隊の医師・医学者たちの第六の復権ルートだった可能性があります。

私はアメリカ国立公文書館で米軍四〇六部隊を調べ、米国人軍医たちの名簿を発見しましたが、残念ながら、日本人協力者・雇用者の記録は見つかりませんでした。おそらく第二代隊長北野政次は、ミドリ十字に所属する以前に、米軍四〇六部隊に関係していただろうと思われますが、証拠が無かったので、『「飽食した悪魔」の戦後』では使えませんでした。

この米軍四〇六細菌戦部隊と七三一部隊のはっきりしたつながりは、実験動物です。埼玉県春日部の近くに、七三一部隊のために、ノミを培養するためのネズミを大量に納入していた村がありました。戦後、その村で飼育されたネズミたちは、七三一部隊資材担当だった小林孝吉らが日本実験動物綜合研究所を創設することで、取引先を日本軍から米軍に乗り換え、米軍四〇六部隊に納入され使われたという経緯があります。

五　二木秀雄の役割と「留守名簿」三六〇七人の発見

復権における二木秀雄と『政界ジープ』の役割

ＰＨＷと厚生省を介した七三一部隊の復権の要所で、二木秀雄が重要な役割を果たしました。一つは、大衆時局雑誌『政界ジープ』の広告です。厚生省に取り入った二木は、厚生省医務局監修の『医学のとびら』という医学雑誌を出します。時局雑誌で稼いだお金で医学雑誌を作り、そこに七三一部隊関係者、石川太刀雄や緒方富雄を登場させ、医薬産業から広告を取ります。『医学のとびら』（初期は『とびら』）の広告は、医療機器・製薬会社のオンパレードです。『医学のとびら』を編集するために、二木秀雄は、ジープ社内に綜合科学研究会という学術的体裁の組織を作ります。この研究会は、四九年の秋に、浅草松屋で「若き人々におくる性生活展」を主催します。後援には、厚生省、文部省、労働省、東京都、日教組が入っています。日教組は生まれて三年目、「戦場へ再び教え子を送るな」と言い出す二年前です。民主主義のもとで性教育は必要だ、受胎調節や性病も教えた方がいいとして厚生省が任せた相手が、七三一部隊で梅毒人体実験までした二木秀雄だったのです。

しかも、実際に行われた展覧会の記録が『政界ジープ』に載っているのですが（第Ⅲ部で後述）、その目玉は「高橋お伝」という明治の猟奇殺人事件の犯人とされた女性の局部標本でした。その標本は、東京帝国大学医学部が生まれたばかりの時に、日本で本格的な医学的解剖をやった重要な資料である一方で、犯罪を起こす女性は性器に外形的特徴があるという、京都大学・清野謙次博士（石井四郎の恩師）の学説のもとになったものです。

それがずっと東大医学部の研究室に保存されていたのですが、その後、陸軍衛生学校に入っていたものを、戦後は二木秀雄が手に入れ展示するのです。この展示のために特別展示室を設け、それだけを見たくて来た人もいたようです。

ソ連のハバロフスク裁判をめぐる情報戦

展示の直後、一九四九年一二月に、ソ連で七三一部隊を裁くハバロフスク裁判が、公開で行なわれます。川島清や柄沢十三夫、西俊英らの供述が、タス通信（ソ連の国営通信社）等で生々しく報じられました。モスクワではすぐに、公判書類が七ヵ国語で出版されました。

その際、連合国の一員であるソ連は、極東国際軍事裁判が結審していたのに、石井四郎や昭和天皇の戦犯裁判を改めて主張したため、アメリカや国際検察局（ＩＰＳ）は公式に拒否します。ソ連の裁判はでっち上げなので信用できないと発表するのです。

確かにソ連では、一九三〇年代からスターリン独裁の下で、ジノビエフ、ブハーリン、トハチェフスキーらを「人民の敵」に仕立てる粛清裁判や、フレームアップ（でっちあげ）が何回も行なわれていました、米英及び日本政府は、この細菌戦裁判もでっちあげであると声明して、裁判全体を否定したのです。極東国際軍事裁判のキーナン首席検事らも、もう連合国の戦犯裁判は終わった、ソ連が単独でやった裁判は認められないと言います。

そのため、日本の大新聞にニュースとしては掲載されましたが、ほとんど後追い取材がありませんでした。ところが、『レポート』『真相』のような時局雑誌は、大新聞に載っていないスクープと称して、七三一部隊が人体実験をやった、と大々的なバクロ記事にするのです。

その中で、『政界ジープ』のライバル雑誌、左派の『真相』は、「内地に生きている細菌部隊」を特集し、二木秀雄の写真入りで、ジープ社の二木秀雄は石井四郎の側近で、満州では人体実験をしていた、と書きます。それで、彼の経歴が明らかになります。

『政界ジープ』は、それに反論して、ソ連の裁判は共産主義の謀略だ、公開裁判はスターリンのプロパガンダだと批判する。二木にとっては幸いなことに、当時はちょうど日本共産党がコミンフォルム批判で分裂する時期にあたり、『真相』は社内の共産党員の分裂により、まもなく休刊します。

朝鮮戦争が始まると、『政界ジープ』五二年四月号に、とんでもない記事が出ます。第三次世界大戦では、原爆による都市攻撃のほか、農村や山岳地帯では細菌戦が重要になるという主

張です。山本容というペンネームですが、二木秀雄ないし七三一部隊関係者でなければ書けな

い「地球の上に蚤が降る」という論文が掲載されます。

朝鮮半島や中国の奥地は山が多く人口も分散している、そういう所では、原爆はあまり効果

がない。ゲリラ戦の方が有効である。ゲリラ戦には、原爆のような大量破壊兵器はあまり役に

立たない、ペストノミを撒く方がはるかに有効である、という主張です。だから現代戦、第三

次世界大戦以後の戦争は、原爆と生物兵器・化学兵器の組み合わせになると主張した論文です。

これは、まさにABC兵器（原爆、生物、生物化学兵器）開発の提唱で、最近のシリアや北朝鮮の

話にピッタリつながります。実際、朝鮮戦争でも細菌兵器が使われた可能性が高いのです。そ

ういうことを、二木秀雄が開き直って、『政界ジープ』で生物兵器の必要性・正当性を公然と

説くようになりました。

これが、七三一部隊の、公刊された時局雑誌上での復権になります（第Ⅲ部参照）。

二木秀雄の「精魂社」、隊友会「精魂会」、慰霊塔「精魂塔」

一九五〇年の日本ブラッドバンク創設に加わった二木秀雄は、一九五三年に『政界ジープ』

の発行元を「精魂社」という別会社にします。その延長上で、一九五五年に隊友会「精魂会」

と多磨霊園「精魂塔」が作られるのです。

精魂会の慰霊塔「精魂塔」「精魂塔」建立には一五一万円かかったのですが、二木の私費による寄付が

一四六万円です。ほとんど二木のポケット・マネーで建てられます。彼は、翌五六年三月に七〇〇〇万円近い恐喝事件で捕まりますから、たぶん一四六万円はその一部で、はした金だったのでしょう。しかし、他の七三一部隊員にとっては重要な意味を持つ七三一部隊の慰霊塔を、二木は、私費で作ったことになります。

一九五六年一一月発行の精魂会結成の呼びかけ文があります。その中に、この碑を作るには一五一万円かかりましたけれども、二木秀雄氏が一四六万円寄付して完済したと出てきます。ただし、呼びかけ人・世話人の中には二木秀雄の名前は無く、精魂会事務局は鈴木重夫が統括することになります。五五年八月に精魂塔を作って第一回の会合を持ち、第二回の会合を一九五六年夏に開く半年前に、彼は戦後最大の恐喝事件「政界ジープ事件」で逮捕されて、新聞でも大きく報道されました。

さすがに二木の汚い金で七三一部隊の戦友会と慰霊塔を作ったと公になればまずいので、世話人会は一応会計報告をし、二木は「精魂会」と「精魂塔」の名前の命名人として名前を残すだけで、その後の戦友会では彼を表に出さず、中心になれないようにしました。元隊長の石井四郎や北野政次も、一会員扱いでした。

精魂会の会員数は、五六年名簿に一八七人、六六年二三四人、七三年二四三人となりますが、圧倒的に軍医と技師と下士官で、一二〇〇人の一般兵士はほとんど入っていません。慰霊塔には何も書いてありませんが、五六年の呼びかけ文では、隊員の中からも物故者・犠牲者が出てきたから、我々で仲間を慰霊する会を作ろうと言っています。慰霊の対象には「マルタ」、中国人もロシア人もモンゴル人犠牲者も入っていません。自分たち仲間内だけの慰霊塔だから無銘ののっぺらぼうの石塔で、七三一部隊の「ミニ靖国」なのです。

それに対して、戦時中一四、一五歳で七三一部隊に入り、一九五八年に二〇代後半〜三〇代になっていた世代の元少年兵たちが、数十人で「房友会」という少年兵だけの隊友会を作りました。最後の一九九〇年頃には、物故者を含めて三〇〇人の名簿になります。但し、三〇〇人のうちの二四〇人ぐらいは精魂会と重なっていますから、実はせいぜい数十人です。

この元少年兵たちの手記や証言を見ると、少年兵たちは、「多磨霊園のこの慰霊碑は、我々の行なった満州でのすべての犠牲者にあてられるものである」「マルタの慰霊である」と解釈するのです。つまり、精魂塔の表面には何も書いていないが、幹部たちは「自分たちの仲間の慰霊」と割り切り、少年兵たちは「自分たちが殺した中国人やロシア人の魂も慰めるべきだ」と解釈するのです。多磨霊園の精魂塔は、そういう形で残されています。これは、二木秀雄も想定しなかったことだろうと、私は読み解きました。

まだまだ残る、七三一部隊研究の課題

最後に、第Ⅱ部についてまとめます。以上述べたことは、せいぜい二四〇人ぐらいの幹部たちと、数十人の少年兵と、森村誠一『悪魔の飽食』が出てから懺悔や告発を始めた関係者（医

師はほんの数人しかいません）の記録にもとづくものです。隊員三五六〇人という厚生省の名簿の数が正しいとすれば、「精魂会」や「房友会」に集った元隊員は、けっきょく全体の一割、三〇〇人ぐらいだったのです。

残りの三千数百人はほとんど亡くなっていると思いますが、四五年八月に石井四郎が言った「絶対に七三一部隊にいたことは表に出すな。秘密は墓場まで持って行け」という命令を、生涯守り続けて亡くなったようです。しかし、三五六〇人の名簿を一人一人追いかけていけば、医師・医学者だけではなく、特に有名でない人でも、ご遺族の所に「こんなものがあった」という資料や記録が出てくるかもしれません。

一九五三年に恩給法が成立し、五五年に精魂会・精魂塔が完成します。他の部隊の戦友会よりはやや遅れたものの、結成はほとんど同じ時期です。

一般の戦友会の場合は、靖国神社に参拝し、「ようやく軍人恩給が出るようになった」、「俺たちは酒場で軍歌を歌って懐かしむだけではなく、堂々と戦友会に入って、国のために尽くした報酬をもらえるようになった」と思ったことでしょう。

しかし、七三一部隊は、それができなくて、多磨霊園にこっそり集まったわけです。ところが一九八二年の国会答弁で明らかになったのは、どうやら厚生省は、こっそりと少なくとも二〇〇人ぐらいの幹部たち、それから名簿で明らかになっている数十人には恩給を支給していたことでした（軍人恩給は本人が申請しないと支給されない仕組みです）。

厚生省の答弁によれば、石井四郎の場合は軍医の最高位である中将で月給五〇〇円でしたから、どうやら戦後に総額で二〇〇〇万円も恩給をもらっていたようです。一般兵士は月給も一〇円以下でしたから、恩給が出ても大したことはありません。

これは、戦後の生活の中に、戦前・戦中の軍隊内身分制度をそのまま残し、差別したものだったのではないでしょうか。つまり、恩給が三六〇〇人のうちどのくらいの元隊員に、いつからどれだけ払われてきたのかを詳しく調べることによって、七三一部隊の『悪魔の飽食』の爪痕が、戦後にどのように残されたのかが、わかってくると思います。

このような意味で、七三一部隊については、まだまだ研究することがあるのです。

公文書公開請求でついに現れた七三一部隊「留守名簿」三六〇七名

本書発刊の直前、二〇一八年四月に、新たな研究の糸口が明るみに出ました。

池内了・名古屋大名誉教授、西山勝夫・滋賀医科大名誉教授ら「満州第731部隊軍医将校の学位授与の検証を京大に求める会」は、ペストを投与した人体実験の疑いがある論文を執筆した旧関東軍七三一部隊将校に対して、京都大学が一九四五年に医学博士号を授与したとして、学位の取り消しを求めるアピールを発表しました。

京大医学部出身の平澤正欣軍医少佐（一九四五年戦死）の博士論文「イヌノミのペスト媒介能力に就《つい》て」について、「特殊実験」の動物が「サル」とされているが、「サルが頭痛に苦しん

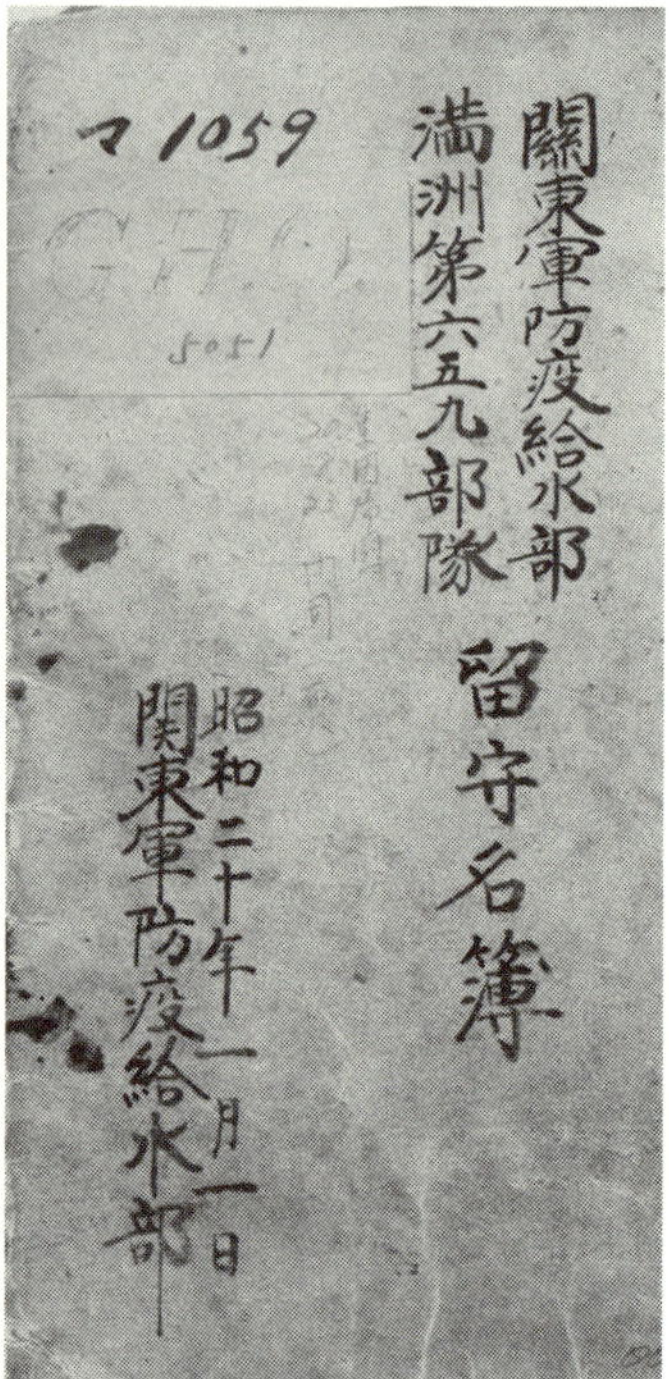

国立公文書館『関東軍防疫給水部
満洲第六五九部隊　留守名簿』
（『毎日新聞』2018 年 4 月 16 日）

でいることを把握するのは困難」「サルの体温グラフが実際のサルの体温変動と異なる」「『特殊実験』とは当時人体実験を指した」などの理由で、現代の医学者たちが人間の生体実験によるものと判定したのです。

同会は、二〇一八年四月一四日に京都大学で記者会見し、国立公文書館から関東軍防疫給水部・七三一部隊「留守名簿」の開示を受けたことも発表しました。これは画期的な公文書発掘です。

私の著書『「飽食した悪魔」の戦後』で詳述しましたが、七三一部隊の悪行が一九八一年に森村誠一『悪魔の飽食』のベストセラーで広く知られるようになるまで、七三一部隊の全容は不明で、大体二三〇〇人から二六〇〇人と推定されていました。それが前述したように、一九八二年の国会質疑で当時の厚生省が軍人恩給給付用軍籍簿の記録で三五五九人と回答し、初めて公式の数字になりました（その後の厚生労働省回答で一人増え、三五六〇人）。

ところが今回、西山勝夫教授らが、厚生労働省ではなく国立公文書館に情報公開請求をして開示させた一九四五年一月一日作成の「留守名簿」には、平房本部の秘匿名「関東軍七三一部隊」名ではなく、関東軍防疫給水部全体を指す別名「満州六五九部隊」の名で、これまでの厚生労働省発表より四七人多い、三六〇七人の実名が残されていました。

軍医・技師・看護婦など役職と階級・留守宅が記載されており、軍医五二人、技師四九人、看護婦三八人、衛生兵一一一七人、雇員一二七五人など部隊の全体的構成が、ようやく個人名つきで判明したのです。戦時の公文書が焼却・廃棄されずに記録として残されていた幸運と、科学者・研究者による粘り強い情報公開請求の成果です。

今後、同会のホームページにも公開されるということで、七三一部隊の研究は、飛躍的に進むことになるでしょう。

Ⅲ

戦後時局雑誌の興亡

――『政界ジープ』対『真相』

一　七三一部隊・二木秀雄の右派時局雑誌『政界ジープ』

第Ⅲ部で述べるのは、私の七三一部隊研究の副産物であり、メディア研究に属する物語です。私のこうした研究が、ゾルゲ事件との関わりで始まったことは、第Ⅰ部で記しました。以下の話は、『「飽食した悪魔」の戦後』で詳述した『政界ジープ』対『真相』という占領期時局雑誌の対抗を、メディア史風にアレンジしたものです。

「勤労大衆のための唯一の政界案内誌」「女の子にもわかる大衆の政治誌」

一九四六年八月に発刊された『政界ジープ』は、二木が金沢で刊行していた『輿論』『日本輿論』の後継誌であるにもかかわらず、なぜか金沢時代には触れず、「進駐軍」のシンボルとして「ジープ」を誌名にします。創刊号の巻末に掲載された「二木」署名の「アクセルを踏む前に――はっかんのことば」は、『輿論』『日本輿論』の天皇制護持・科学技術立国の「社論」とは様変わりの、軽いタッチです。

「街を歩いているとジープの波である。ジープはみたところ軽快で、丈夫そうである。どこへでも、山でも、坂でも、ぬかるみでも、何なく突破してゆけそうである。そしてスピードもある。戦車や大砲に比べたらさしみのつまの様でもあるが、なくてはならぬものの様でもある。小粒で手軽だがピリッとしている。日本の様な狭い場所には、うってつけの『足』である。『政界ジープ』は、ジープで表象される雑誌として生まれた。自由、民主という白粉をつけた言論が、昔のデパートの十銭ストアみたいに、色さまざまのよそおいをこらして本屋の店さきにハンランしている。『政界ジープ』もおそまきながら、その中の一つに加えて貰ったわけである。」

『政界ジープ』創刊号
（1946年8月）

創刊号の三三頁に、『政界ジープ』自身の広告が載っていて、「勤労大衆のための唯一の政界案内誌」「政治の本質を平たい言葉で衝く雑誌」とあります。この方がわかりやすいでしょう。

東京に進出した『政界ジープ』では、二木秀雄は七三一部隊の経歴はもとより、医学博士で

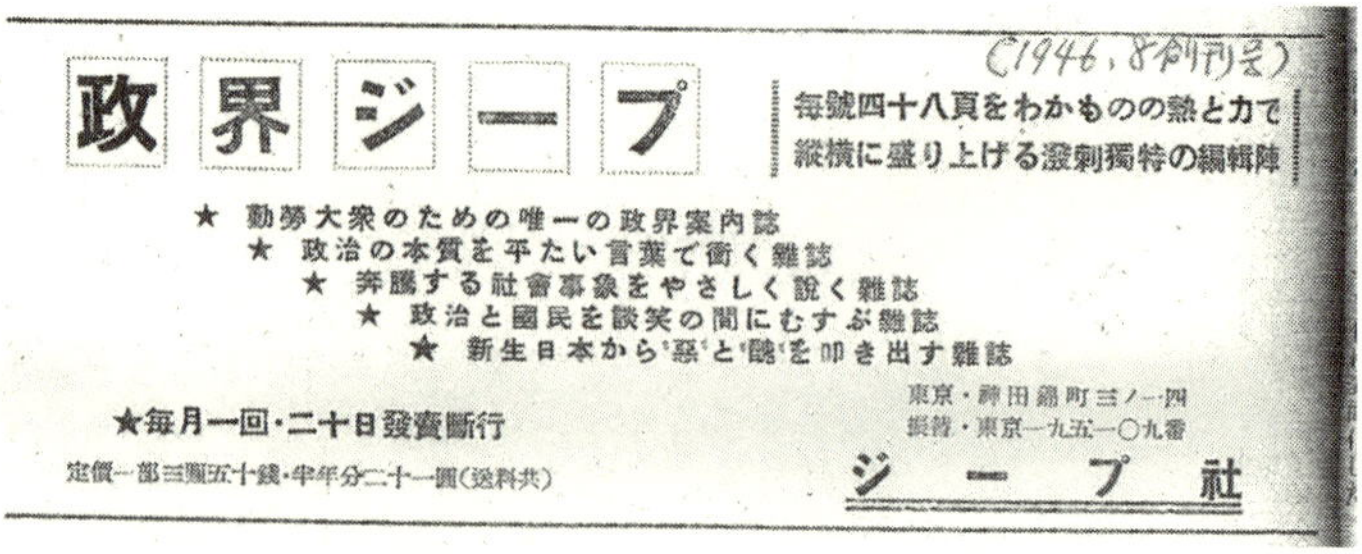

『政界ジープ』広告（創刊号、33頁）

医者であることも隠しています。創刊号では目立ちませんが、九月号以降、薬品会社の広告が多くなります。

ただし、金沢の影を引きずっている特徴があります。それは、印刷所です。「編集発行人　二木秀雄」は東京・神田の出版街に進出しましたが、「印刷人　吉田次作」は金沢『輿論』時代と変わらず、「印刷所　吉田印刷所　金沢市中村町七―三四」とあります。ジープ社の住所は四六年一〇月号から「東京都大森区田園調布二―六九一」に変わりますが、相変わらず印刷所は、金沢吉田商店のままです。

雑誌が軌道に乗ったらしい四七年七月号で、ようやく「印刷人　大橋芳雄　印刷所　共同印刷株式会社」と大手印刷会社に変わります。四八年には東京証券印刷が使われ、七三一部隊戦犯不訴追がほぼ定まる四七年九月号から、ジープ社の住所は「東京都中央区銀座七丁目二番地」に移り、以後銀座の一等地（有楽町駅と新橋駅の間の東海道線沿い）に定着します。

一九四六年八月に「勤労大衆のための唯一の政界案内誌」「女の子にもわかる大衆の政治誌」と銘打って創刊された月刊『政界

ジープ』は、一九四六年から五六年まで（途中に五一年八月から五二年三月の休刊をはさみ）一〇年・一〇〇号ほどを刊行し続けた点で、常に左派『真相』のライバルでした。ただしその内容と主張は、通常「反共右派」雑誌とされます。

『真相』には復刻版がありますが、『政界ジープ』を全号所蔵する図書館はありません。国立国会図書館では欠号が多く、一九四五〜四九年の日本の出版物をほぼ網羅する米国メリーランド大学プランゲ文庫も、ＣＣＤ（民事検閲局）の検閲が終わる一九四九年までしか所蔵しておらず、これもいくつか欠号があります。

法政大学図書館、大宅壮一文庫、日本近代文学館、江戸東京博物館などで欠号を補い、全国の古書店からの購入で相当数が埋まりましたが、それでも一九五二年から五六年三月「政界ジープ恐喝事件」で廃刊するまでの十数号の所在がわかっていません。これまで見つかった『政界ジープ』については、私の個人ホームページ「ネチズンカレッジ」に主な論説・記事、表紙カバーを含めて掲載し逐次更新しています（http://netizen.html.xdomain.jp/yoronjeep.pdf）。

二　日本共産党員佐和慶太郎の左派バクロ雑誌『真相』

『政界ジープ』のライバル、佐和慶太郎の『真相』

当時の大衆時局雑誌としては『日本評論』『旋風』『レポート』等もありますが、『政界ジープ』は、左派の『真相』との対比で、クローズアップされます。実際『真相』と『政界ジープ』は、表紙・口絵・漫画などの体裁、暴露記事・政財界スキャンダル報道などで、酷似しています。一九四六年から一〇年間の継続、五〜一〇万部の発行部数で、読者層もある程度重なります。

そこで、ここでは、ライバル誌『真相』の特徴をひとまず概観し、それとの対比で、二木秀雄の『政界ジープ』を見ておくことにしましょう。

佐和慶太郎の『真相』は、一九七九年から二〇〇四年まで岡留安則編集で刊行された情報雑誌『噂の真相』に影響を与えたこともあり、一九八〇年代に全号復刻版が出ています（雑誌『真相』復刻版、三一書房、一九八〇〜八一年。『真相』については、佐和慶太郎・松浦総三「『真相』の周辺」『現代の眼』一九七七年三月、「佐和慶太郎氏に聞く――戦後革命と人民社、一―五」法政大学『大原社会問題研究所雑誌』三七八―三八三号、一九九〇年、佐和慶太郎『左翼労働運動の反省のために』労働者新聞社、一九九一年、なども参照）。

月刊『真相』は、一九四六年三月に「実話読物」を謳い文句に創刊し、五七年三月（一〇八号）まで存続しました。「バクロ雑誌」「民衆の雑誌」「常に真実のみを語る」と自己規定し、天皇制批判、旧軍人・保守政治家の旧悪暴露、汚職・女性スキャンダル、戦時中の軍隊の横暴・腐敗、女性の社会進出の裏側などを、記事・寄稿・手記・読物、写真・漫画・口絵などを駆使して報じました。

『真相』創刊号（1946年3月）

戦犯、旧軍人の告発報道も多く、中国内戦や朝鮮戦争についても最新情報をセンセーショナルに報じました。発行元の人民社社長・佐和慶太郎は、戦前『労働雑誌』を編集し治安維持法違反で入獄した日本共産党員として知られ、戦後は中西功らの「人民叢書」を刊行、権力と闘う左派ジャーナリズムとして、後の『噂の真相』に大きな影響を与えました。総合雑誌『世界』『潮流』などとは異なる読者層と大衆的影響力から、今日では占領期の言論資料として全号復刻され、容易に読むことができます。

『真相』は、GHQのCCD（民事検閲局）による検閲を最も厳しく受けた雑誌としても知られています。一九四七年一〇月に、CCDは原則として事後検閲に移行しましたが、その際に、『世界』や『中央公論』『改造』と共に「要注意雑誌」として事前検閲が残された二八誌の一つが『真相』でした。

プランゲ文庫データベースによる私の調査によると、四六年三月創刊から四九年一〇月のCCD検閲廃止まで、表紙・目次・広告・タイトルを含む記事一六八〇件中二四二件、約一五パーセントが「公表禁止（Suppress）」「一部削除（Delete）」等の検閲処分を受けています。「真相裁判」として知られる「天皇箒事件」は、『真相』一九四七年九月号が、昭和天皇が巡幸で立ち寄る宿舎や道路が綺麗に整備されるのを皮肉り、「天皇は箒である」という記事と合成写真を掲げて、保守勢力が「不敬罪」を適用すべきだと告発した事件です。この事件は不敬罪の廃止で免訴となりましたが、佐和慶太郎は八〇人以上から名誉毀損で訴えられ、佐和は『真相』を編集した八年間のうち一年半を獄中で過ごしました。

『真相』は、一九五〇年の日本共産党分裂による社員内紛により、一九五一年一月（五六号）に一時休刊します。講和・独立後の五三年一一月（五七号）から復刊して、「平和、独立、民主主義の旗じるし」「アメリカに帰ってもらう世論をつくる雑誌」と謳います。

『真相』46号（1950年9月）

『りべらる』1950年10月号

復刊直後から「真相鋏厄史、占領下の言論とはこんなもの」という自誌の検閲体験の記録を一三回にわたって連載し、今日では検閲研究の貴重な素材となっています。検閲された事例は、読売争議、米兵描写、シベリア抑留、天皇制、蒋介石報道などです。

『りべらる』などのカストリ雑誌に似せたセンセーショナルな体裁をとりながら、GS（民政局）ケーディス大佐の愛人鳥尾鶴代、G2ウィロビーの愛人と言われた荒木光子の写真を「現代日本名花列伝」として掲げ、暗に「奴隷の言葉」でGHQを批判しました。

二木秀雄『政界ジープ』のGHQ礼賛

月刊雑誌『真相』は、戦前からの日本共産党員佐和慶太郎の興した人民社の発行で、中西功の「人民叢書」などを刊行して占領軍の民主化の波に乗りつつ、三月号「創刊のことば」では「理屈でなしに事実により、天皇制、資本主義機構の徹底的解剖を行ひ、人民諸君に対する民主主義教育の一助たらんとする」と旗幟を鮮明にしています。

それに対して、初期の『政界ジープ』のフットワークはもっと軽く、「進駐軍御用達」「永田町業界紙」風です。GHQの検閲があるから当然ですが、一九四九年頃までは、近過去としての戦争や東京裁判を論じることはあっても、七三一部隊や細菌戦が扱われることはありません。石川太刀雄を売り出した金沢『輿論』と違って、二木秀雄以外の七三一部隊関係者の寄稿も見られません。七三一部隊は、隠されています。

最盛期の一九四八年九月に「今では政治の民主化の旗手として全国一〇万読者」とありますが、私の調べたプランゲ文庫の検閲記録では刷部数五万部で、同号の「わが国唯一の大衆政治誌」「断然類誌を圧倒、躍進、特ダネ満載」にはやや誇張があります。四九年八月には「ある権威ある調査で、総合雑誌は文藝春秋、婦人雑誌主婦の友、文芸雑誌小説新潮、政治時局雑誌では政界ジープが上半期最も売れた雑誌」と自讃します。

一九五〇年九月の「創刊五周年記念号」では、「戦後続々現れたいわゆる時局雑誌の多くはすでに影を消したが、今日残っているレポートにしろ真相にせよ旋風にしろ例外なく、その内容は別として、企画の立て方から編集の組み方まで、いちばん早く発足した本誌のスタイルをまねてスタートした」と、このジャンルの老舗であることを誇示します。

五〇年九月に「創刊五周年」と名乗るのは、『政界ジープ』が四五年一一月創刊の金沢『輿論』『日本輿論』誌の後継であることを示し、『真相』より半年早く出発したことを誇示するためです。もっとも『真相』も、四五年一二月に出た評論誌『人民』が前身でした。

七三一部隊隠蔽・免責交渉期は左派的論調も

二木秀雄は、一九四六年八月創刊の『政界ジープ』では、金沢『日本輿論』時代のCCDの厳しい検閲に学び、注意深くプレスコードを避けました。一時は目次を事前に英訳してCCDに届け、米軍の検閲に全面的に従ったようです。検閲だらけのライバル誌『真相』とは正反対です。そのため『政界ジープ』は、『輿論』発刊の目玉であった原爆や天皇制を大きく取り上げることなく、占領政策の展開と「逆コース」に忠実にあわせて、ほとんどフリーパスで四九年一〇月のCCD検閲終了を迎えます。

初期の『政界ジープ』の論調は、左派的にも読めます。創刊時は尾崎行雄・長谷川如是閑ら自由主義者に論説を依頼し、マルクス主義者・社会主義者も登場させ、共産党や社会党の国会議員も寄稿しています。極東国際軍事裁判で昭和天皇も七三一部隊関係者も免訴となり、社会党片山・芦田内閣のスキャンダルを暴く「逆コース」の頃から、保守・反共色を前面に出すようになります。

一九四六年八月創刊号では、巻頭の尾崎行雄「新日本建設の基点」で、天皇の在位にかかわらない改元による人心一新を提案します。他方でマルクス経済学者・井汲卓一に「つだ・さうきち博士に寄せて——天皇制学説の新展開」を書かせて、すでに象徴として憲法草案に入った天皇制存続の根拠薄弱を説きます。憲法研究会の鈴木安蔵は、「勝利のために——民主人民戦線の展望」で「日本の眼前の荒廃と圧迫とは、民主革命の促進によるほかは絶対に救われない」と主張、岩波書店の雑誌『世界』で息子の丸山眞男が論壇にデビューしたばかりのベテラン記者丸山幹治が「政変日録」で「幣原から吉田へ」の政局を解説し、常連寄稿者になります。杉野糸子「婦人代議士診断簿」、社会党・山崎道子と新光クラブ・松谷天光光の「わたしの議会初日誌」で、国会選挙での女性議員誕生にも注目しています。

次の四六年九月号では、表紙に「女の子にもわかる大衆の政治誌」「小粒でピリットした政界裏面誌」と謳います。メインは高橋正雄「割れた人民戦線」、長谷川如是閑「『象徴』の諸相」で、高倉テル、小川一平、細迫兼光の国会便り、井上まつ子「婦人代議士の悩み」、一〇月号は植原悦二郎「議員生活二五年」、丸山幹治「原敬は官僚か」、高倉テル「山本宣治の死」という具合で、小坂善太郎、上林山栄吉ら保守政治家の寄稿や社会党内紛の裏話も出てきますが、むしろGHQ民主化の波に乗る左派を積極的に登用しています。共産党代議士高倉テルはほとんど毎号連載で一一月号にも寄稿、志賀義雄「世相随筆」、鈴木茂三郎「無産運動二五年」と筆者を『真相』と奪い合っています。

四六年一二月号には中西功「尾崎さんの想い出」でゾルゲ事件が登場し、末川博「河上肇博士」と濱口雄幸遺児・濱口雄彦「父を語る」と並びます。この時点の中西論文での「革命家」「愛国者」尾崎秀実の扱いが、一年後には「赤色スパイ」と変わるのですが。

こうした編集方針は、四七年、四八年前半も続きます。左右・中間リベラル派、老練・若手政治家に女性議員を加えて発言の場を与え、国会・官僚・財界の裏話やエピソードを写真や似顔絵・漫画を使って散りばめます。占領期検閲資料プランゲ文庫で見ても、ＣＣＤの検閲による削除や修正はほとんどありません。

ＧＨＱと政局に迎合して政財官裏話に徹する初期『政界ジープ』

こうした初期『政界ジープ』の論調は、第一に、当時のＧＨＱの占領政策に従い、日本の国内政局の流れに忠実に合わせたものです。プレスコードで禁じられたＧＨＱ批判はもとより、民主化・非軍事化を実行する日本政府への批判もほとんどありません。

第二に、編集兼発行人はジープ社社長・二木秀雄ですが、二木自身が登場することはほとんどありません。一般紙や業界紙の無名の記者がアルバイトなどで寄稿し、その中には言論の自由や政治の民主化を求める左派や共産党に近い記者もいたであろうことは、一九四八年一二月に「旧政界ジープ同人編集」と銘打って『政界アサヒ』（編集発行人　笠原真太郎、青銅社）という、編集方針で二木と別れた左派の新雑誌が出ることで裏書きされます（後述）。

二木秀雄は、ほぼ四八年半ばまでは『政界ジープ』の版元ジープ社の経営者に徹し、読者の

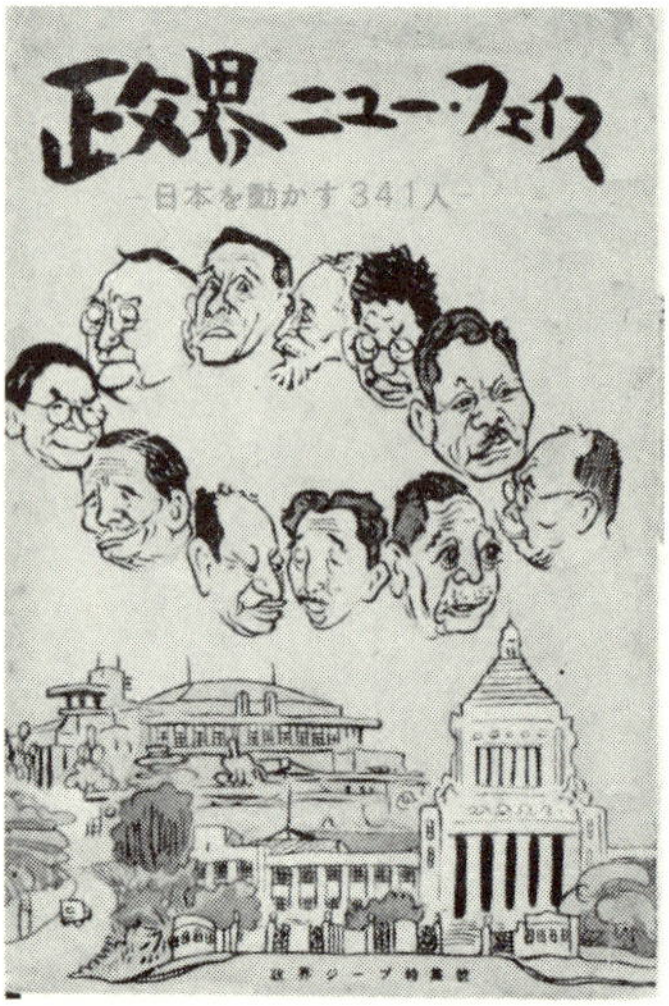

『政界ニュー・フェイス』（1947年9月）

定着と広告を含む経営の安定を図ったようです。この期の言論活動は、四七年九月刊行の『政界ニュー・フェイス――日本を動かす３４１人』にまとめられています。匿名の記者たちが、政界の中心人物をピックアップしてその印象、経歴等を広く紹介した政界人名録で、自由党から共産党まで、近藤日出造の似顔絵付で、面白おかしく寸評しています。編者である二木の政治的立場や主張は見られません。

また、ゴシップやスキャンダルを売り物にするので、「本誌の名をかたって金銭を強要するものにご注意」「本誌の記者を名乗る○○はすでに退社し本社とは一切関係がありません」といった社告が、特に四八年以降の巻末に頻出します。ジャーナリストばかりでなく、旧特務機関員、いわゆる大陸浪人、陸軍中野学校出身者なども登用していたことは、後の「政界ジープ恐喝事件」で明らかになります。

二木秀雄以外の七三一部隊関係者がジープ社に雇われていた事例は、いまのところ見つかっていませんが、総務や経理・広告、地方通信員などに入っていた可能性も否定できません。

ジープ社は、一九四七年一二月に『財界ジープ』、四八年八月に読物雑誌『じーぷ』、四九年三月に『とびら』(『医学のとびら』)、四九年一一月に『経済ジープ』と次々に新雑誌を出し(ほとんど数年で廃刊)、ジャンルと販路を広げ単行本も増えるのですが、これらが旧七三一部隊隊員の受け皿、失業対策であったかもしれません。

天皇制と戦争責任を追及する『真相』――バクロ雑誌対ゴシップ雑誌

こうした編集方針と論調を、ライバル誌『真相』と比べると、二木秀雄の出版人としての狙いが、いっそうはっきりします。

「実話読物」「バクロ雑誌」と銘打って四六年三月に創刊された『真相』の目玉は、天皇制批判と旧軍人・政治家の戦争責任の追及でした。禰津正志、田中惣五郎、山崎今朝弥ら左派の歴史家・弁護士らを登場させて、天皇制の神話を「称徳天皇淫蕩伝」「村上天皇不倫伝」などとスキャンダラスに暴きます。「松岡駒吉とはどんな男か」「河合厚相の戦犯を暴く」「第一級戦犯の姻戚調べ」「石橋湛山の戦犯記録」等々と、戦前天皇制日本を告発し、政治家・運動家の過去を暴く論説・記事を売り物にしました。

これに対して『政界ジープ』は、戦争責任は「一億総懺悔」風にごまかして日本の再起をはかり、政官財界人の過去にこだわらずに占領政治の人脈を追います。永田町・霞ケ関のゴシップは、両誌とも数多く掲載されます。

両誌のもう一つの違いが、『真相』は「蒙古脱出記」「露国皇帝処刑の真相」「李香蘭を中国人にしたのは誰か」「ハリウッドの『赤』騒ぎ」などと、戦前の延長上での世界とアジアの動きを、検閲でズタズタにされながらも追いかけようとしたのに対し、初期の『政界ジープ』は、米駐留軍人の寄稿や極東国際軍事裁判のニュース報道以外、海外の動向をほとんど伝えません。

戦犯不訴追・免責が確定するまでは七三一部隊を隠蔽

これを、第Ⅱ部で見た七三一部隊の隠蔽・免責の文脈に置き換えると、東京に出た二木秀雄は、石井四郎、増田知貞、太田澄、内藤良一、宮本光一、亀井貫一郎、新妻清一、有末精三らが関わるG2管理下の米軍細菌戦調査団、法務局（LS）、国際検察局（IPS）による七三一部隊戦犯調査の進展を、知りうる立場にいました。特に四七年の第三次フェル、第四次ヒル＝ヴィクター調査団では、直接尋問される立場にありました。

そこでは何よりも、米国及び占領軍に恭順の意を示すことが必要でした。医師・医学の世界に留まらず、出版経営者という別世界で再出発していることは、七三一部隊結核班長としての実験データを提供して免責される際に、有利に働いたようです。結核菌は米軍の求める細菌戦データとしては傍流で、人体実験も尋問過程で深く追究されることはなかったのです。梅毒人体実験や七三一部隊総務部企画課長としての活動は隠していました。

ただし、七三一部隊の青年将校の一人であっても、言論界で目立つことは禁物でした。『真相』の得意とする戦争犯罪追究では、ジープ社の提携する左派の記者であっても、関東軍七三一部隊に行き着くことがありえました。こうした問題は、CCDの検閲対策上でも、取り上げないことが一番でした。最終編集権を握っていたのは、二木でした。

初期の『政界ジープ』が政治的旗幟を鮮明にせず、左右を問わず政治家を登場させ一見「中立的」であることは、出版経営を安定させるためばかりでなく、七三一部隊と二木秀雄自身の戦犯不訴追を担保するために必要なことでした。

さらに言えば、万が一でも七三一部隊がメディアと世論の注目を引いた場合に、すばやく反論しもみ消す防諜・情報戦機能を考えていたのでしょう。それにはGHQ・G2の言論統制との連携が必要になります。

この点で、二木秀雄が、CCD東京での検閲担当者以外のどのような窓口を持ち、亀井貫一郎、有末精三、服部卓四郎らと秘かにつながっていたかは、資料も証言もなくわかりません。七三一部隊総務部企画課長としての二木秀雄のインテリジェンス能力が、G2の反ソ反共課報活動で使われていた可能性はありますが、この点は、闇につつまれています。

帝銀事件の頃には情報ブローカーとして暗躍

一九四八年一月の帝銀事件では、七三一部隊をはじめ、旧軍で毒物を扱った軍人が、広く捜査の対象になりました。前年中に人体実験・細菌戦データ提供と引き替えに極東軍事裁判の免責・不訴追の保証を得た石井四郎らは、警視庁の捜査に協力しました。しかし、八月にG2ウィロビーの意を受けた服部卓四郎・有末精三の捜査介入で、青酸化合物を扱った七三一部隊ルートの捜査は中止され、もう一つの物証である「松井名刺」のルートから、画家の平沢貞通が犯人とされました。

二木が刊行した月刊誌『じーぷ』第五号（一九四八年一二月）は、見出しに「戦後八大犯罪特集　戦慄・情痴の世界を衝く」と掲げ、巻頭では、永田久正「恋の平澤、色の小平」として、帝銀事件の平沢貞通被告の女性関係を敗戦直後の小平義雄の連続強姦殺人事件と同列に扱い、旧軍七三一部隊と帝銀事件の真犯人との関係を切り離すことで、猟奇殺人犯に仕立て上げていきました。

松本清張『日本の黒い霧』の一編「帝銀事件の謎」（文藝春秋新社、一九六〇年）には、二木秀雄は出てきません。ただし、これを原作とした一九八〇年一月放映、ANNテレビドラマ『帝銀事件・大量殺人　獄中三十九年の死刑囚』には、二木秀雄らしき人物が登場します。

新藤兼人脚本、森崎東演出、第一七回ギャラクシー月間賞受賞のこのリアリズム・ドラマでは、仲谷昇が主役を演じる平沢貞通が冤罪であることを強く示唆しながら、青酸カリの出所を探り聞き込みする刑事たちの捜査を追います。

そこで、七三一部隊関連で毒物情報を握っているとされるのが、小松方正の演じる「政界真

『真相』20 号（1948 年 8 月）

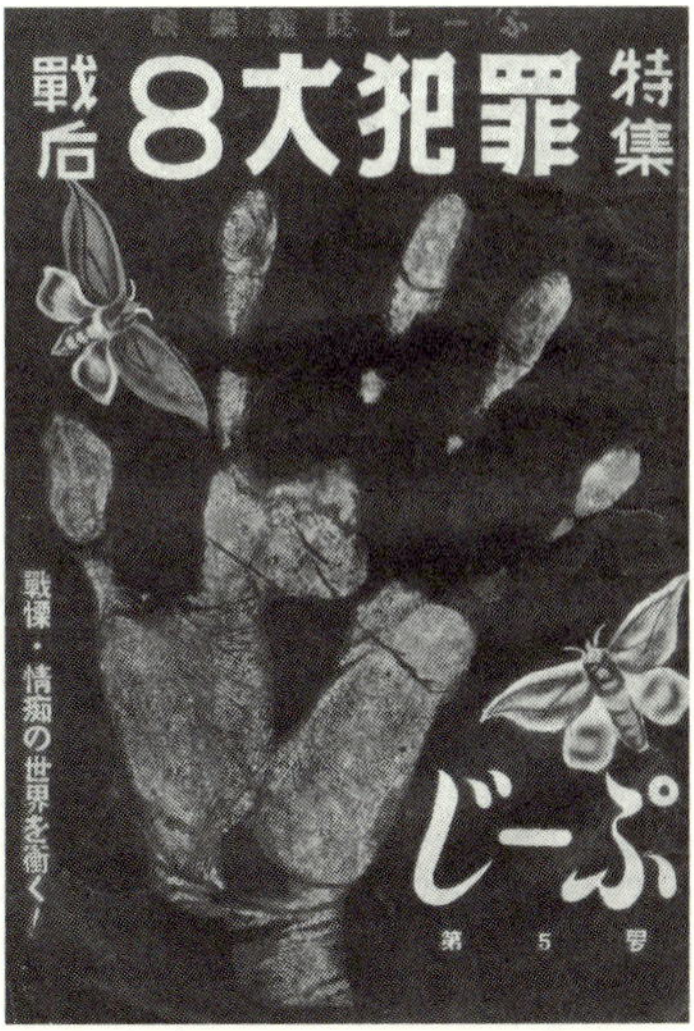

『じーぷ』5 号（1948 年 12 月）

相社の男」で、事情を知る者には、二木秀雄がモデルと特定できます。ドラマでは、刑事たちの聞き込みに応じ、「マルタ」について問う警察がどこまで七三一部隊を知っているかを探りながら、青酸カリではない遅効性化合物が七三一部隊で「マルタ」処理用に帝銀事件と同じ飲み方で使われていたと証言する、意味深長な役回りです。

テレビドラマでの「政界真相社」は、言い得て妙な命名です。帝銀事件時の二木秀雄『政界ジープ』は、GHQ、特にG2の反ソ反共政策に迎合しながらも、七三一部隊の人体実験・細菌戦がメディアに現れることのないよう、情報収集の網を張っていました。特に危険なのは、大衆時局雑誌界のライバル、日本共産党員佐和慶太郎が発行する雑誌『真相』でした。

左派のバクロ雑誌『真相』第二〇号（一九四八年八月）は、表紙に「見よ！　帝銀毒殺魔の正体」というセンセーショナルな見出しを掲げました。ただし本文は、「『真相』に帝銀事件捜査本部があったなら――和製シャーロック・ホームズの一推理」と題する、警視庁捜査の無能を揶揄する内容でした。「当局でも、もとの軍関係、とくに特殊部隊の医薬関係方面に見当をつけて捜査していたが、この捜査をどうしたわけか十日かぎりで打ち切り、松井博士の名刺の行く先、もう一ぺんあたってみるらしいが、これが外れたら、いよいよ事件は迷宮入りとみているようだ」として、もっぱら警察の無能を揶揄します。「毒薬の正体は？」「なぜ二〇万円だけ盗んだのか？」「犯人は麻酔中毒者か？」と「麻酔薬のヤミ取引」に真犯人を推理する観測記事で、七三一部隊には全く触れていませんでした。

二木秀雄はおそらく、これを読んで安心したでしょう。G2ウィロビー少将が七三一部隊の秘密を守ってくれる、と確信できました。ライバル誌『真相』の観測記事を無視し、『政界ジープ』は、時の芦田内閣を揺るがす昭和電工事件の方を大々的に取り上げ、帝銀事件に触れることはありませんでした。

三　ソ連ハバロフスク裁判をめぐる『真相』対『政界ジープ』

二木秀雄『政界ジープ』による米軍ゾルゲ事件情報のリーク

七三一部隊の戦犯訴追の可能性がほぼ消え、帝銀事件の捜査もGHQ・G2の介入で平沢貞通逮捕に舵を切られた一九四八年秋、二木秀雄の時局雑誌『政界ジープ』は、それまでの左右に広く誌面を開いた「是々非々＝中立」的論調から、反共保守、反ソ親米へと舵を切り、旗幟を鮮明にします。第Ⅰ部で述べたリヒアルト・ゾルゲの遺骨発見のきっかけをつくった『政界ジープ』四八年一〇月号（特別政治情報第二号）は、その転換点に位置しました。

『政界ジープ』四八年一〇月号のゾルゲ事件特集報道は、二木秀雄が七三一部隊免責過程でGHQ・G2と結びつき、そこからリークされた資料ないし情報にもとづいて書かれた、反ソ反共のスクープ記事と考えられます。

米軍収集のゾルゲ事件資料は、G2ウィロビーのもとで、厳格に管理されていました。七三一部隊情報の「絶対的管轄」と同じです。つまり、七三一部隊の隠蔽・免責とゾルゲ事件のウィロビー報告による「赤色スパイ」事件公表は、同じコインの裏表の関係にありました。対ソ課報のために、石井四郎は隠され、尾崎秀実は「赤色スパイ」として断罪されたのです。

元七三一部隊企画課長・対ソ諜報担当だった二木秀雄が、どこまでG2に入り込んだかは不明ですが、戦犯不訴追以上の何らかの代償を得て、ゾルゲ事件「赤色スパイ」報道の先駆けリークとなった可能性は高いのです。G2ウィロビーにとっては、公称一〇万部の反共保守の日本語時局雑誌を、「逆コース」の情報戦に用いるプロパガンダ・ルートを得た事になります。

『政界ジープ』の逆コース、反共雑誌化

『政界ジープ』誌上での反ソ反共の兆候は、一九四八年に入っていくつか現れていました。七三一部隊免責が不確かな四七年までは、ジープ社社長・二木秀雄の大きな署名記事はありませんでしたが、短い「編集後記」を書いていただけの二木秀雄が、四八年に入ると誌面に頻繁に現れるようになります。

一九四八年二月号に「近づく総選挙の分野　有力第一線新聞記者がものする政界裏面のバクロ座談会」があり、「有力各社の第一線記者」は匿名ABCDですが、司会は「二木」で、論点整理を行っています。

四八年四月第一九号では、「二木秀雄」名で主役に躍り出ます。「本社主幹　二木秀雄」は、『肉体の門』の作家・田村泰次郎との対談・巻頭「政治なき国会の門」で、「政治の貧困が闇の

女を生む」「女代議士と芸者とパンパンガール」「弱い女の共感者」「国会の門に政治なく肉体の門に政治あり」と新時代の新たな道徳を提唱します。同時に、この号から、「編集後記」は編集長の中西清に委ねられます。

二木秀雄は、『政界ジープ』四八年六月第二一号の巻頭で、「駐日中国代表団　謝南光」との対談「米ソ戦は起こらない」に登場します。二木の外交デビューです。対談相手の謝南光は、台湾出身で、東京高等師範で学び抗日運動に加わったことのある外交官です。戦後は中国共産党と内戦中の中国国民党政府の対日代表高官で、七三一部隊出身の二木は、中国国民党に近づくことで、米国の反共世界戦略に従うつもりだったのかもしれません。

もっとも謝南光は、内戦で中国共産党が勝利し、国民党政府が台湾に移ると、故郷の台湾に戻らず、国民党から離れて、毛沢東の新中国で華僑代表の中国人民代表会議議員をつとめました。二木の中国接近は、失敗に終わりました。

同じ号では、「怪文書　共産党黒沢尻会議」という、日本共産党が岩手県黒沢尻町で秘密会議を開き、北海道経由でソ連との秘密の連絡方法を決定し宮本顕治と土方与志をソ連に派遣した、という怪文書を発表しました。これは、米軍G2かその傘下のキャノン機関等反共特務機関から流れたものと思われますが、共産党『アカハタ』（六六年に『赤旗』と改題）は、即座に「笑止千万なデマ」と否定しました。

片山内閣時代の政界には、共産党に限らず、各種の怪文書・謀略情報が流れていました。

『政界ジープ』は、その拡声器になって、販売部数を伸ばします。四八年九月号巻頭が元内閣書記官長、保守政界の怪物・楢橋渡と二木秀雄の対談で、同時に「日本共産党を動かすのは誰か『赤い軍隊』の指揮官」という共産党の内部情報を特集します。

元七三一部隊企画課長二木秀雄は、この頃反共情報ブローカーになって、『政界ジープ』の保守系反共時局雑誌の基本性格が整いました。

ジープ社出版の多角化、二木秀雄の誌面登場

二木秀雄のジープ社は、月刊『政界ジープ』をメインにしながらも、四八年頃から他の雑誌に手を広げ、単行本を含む綜合出版社への変貌を図ります。

ゾルゲ事件を特集した『政界ジープ』四八年一〇月号は、「特別政治情報第二号」と謳っていました。この月は「どうなる総選挙と次の政権　朝日・毎日・読売政治部長に聞く」「社会党黒田騒動の内幕」「中共党工作の正体　狙いは細菌戦術」などを掲載する通常号も出ていますから、別冊形式の増号です。

通常号との大きな違いは、表紙に佐田七郎画の女性の裸体を描いて、当時流行する「カストリ雑誌」のエロ・グロ・ナンセンス路線に追随していることです。近藤日出造らの政治家似顔絵を表紙にした通常号にも、女性議員記事や女性スキャンダルが多かったのですが、「特別政治情報」はそれに輪をかけて、政治の裏面の男女関係を描きます。この「特別政治情報」型編

集手法は、五〇年四月の『別冊　政界ジープ』創刊に受け継がれていきます。

『政界ジープ』はまた、出版事業の延長上で、街頭政治にも乗り出します。四八年七月一〇日、『政界ジープ』創刊二周年記念事業として、日比谷野外音楽堂を借り切り「政界浄化各党代表大討論会」を開催します。昭和電工事件、炭鉱国管事件などを背景に、衆議院不当財産取引調査委員会委員長・武藤運十郎（社会党）のほか、民自党・石田博英、民主党・荊木一久、社革党・田中健吉、農民党・中野四郎、国協党・石田一松、共産党・徳田球一の七党代議士が演説、それを「本社社長　二木秀雄」の挨拶でまとめるかたちでした。「政界浄化の一大国民運動」と銘打ち、「万余の聴衆」を前に演説する二木秀雄の写真も出ています。同時に、石田博英から徳田球一まで、政界の要人にジープ社社長の自分を売り込んでいるのです。

それればかりか、二木秀雄のジープ社は、四八年八月から、「大衆読物雑誌」「娯楽雑誌」と銘打って、月刊『じーぷ』の刊行を始めます。国立国会図書館には四八年八月創刊号から一二月第五号までしか残っておらず、四九年以降も出たかどうかは不明です。

『経済ジープ』刊行で政官財界人脈づくり

ジープ社は、カストリ娯楽雑誌の読者層に手を広げると同時に、四七年一二月から、月刊『財界ジープ』を刊行、いつまで続いたかは不明ですが（国会図書館蔵書は四八年四月号まで）、四九年一二月からは後継の『経済ジープ』を三〇号出しています（国会図書館蔵書は五一年三

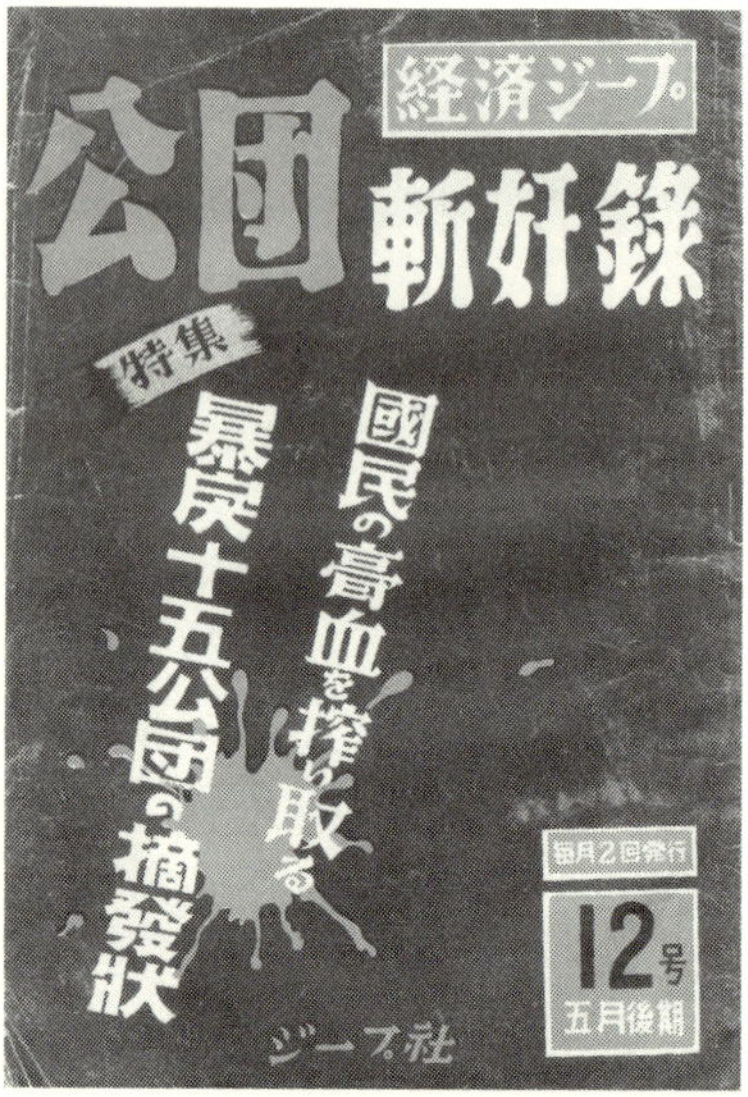

『経済ジープ』12号（1950年5月後期）

月第三〇号まで）。二木秀雄が政界から財界へと人脈を広げ、同時に広告収入による経営の安定を図ったものと考えられます。

当時の特許庁『工業所有権公報』によると、二木秀雄は、『財界ジープ』のほかに、『女性ジープ』『よみものジープ』『世界ジープ』（以上、四八年三月号）、『世界ロマンス』（七月号）を「第六六類・雑誌」名として商標登録しています。よほど資金が集まっていたのでしょうが、実際に出たのは『経済ジープ』だけでした。

『経済ジープ』は月二回刊で、創刊号の四九年一一月五日号の目玉は、一万田尚登・日銀総裁と二木秀雄の対談でした。私の持つ五〇年五月後期第一二号は「特集　公団斬奸録　国民の膏血を搾り取る暴戻十五公団の摘発状」、五〇年九月前期第一九号は「特集　脱税手口四八手　地方税難産記」です。大企業・銀行保険・商社・医薬企業の広告が多く、中央・地方の官庁・企業スキャンダルをセンセーショナルに暴く記事です。

二木秀雄は、『政界ジープ』の他に『経済ジープ』にもエッセイ「素粒子堂雑記」を連載しますが、どうやらこの『財界ジープ』『経済ジープ』の取材手法が、五〇年代の『政界ジープ』に受け継がれ、五六年「政界ジープ恐喝事件」と記者たちの闇金融・総会屋ビジネス参入につながるようです。

造反社員の『政界アサヒ』

こうした一九四八年の『政界ジープ』の反共保守雑誌化、ジープ社出版事業の多角化に対しては、社員や提携記者たちの反発もあったようです。『政界ジープ』四八年八月号「編集後記」は「いまでは政治の民主化の旗手として本誌の名は全国十万の読者から親しまれている」と書きましたが、この頃のプランゲ文庫検閲記録では、米軍ＣＣＤには五万部印刷と正直に届け出ています。

その数ヵ月後、「旧政界ジープ同人編集」の名で、造反社員たちの『政界アサヒ』四八年一二月創刊号が刊行されます。『政界アサヒ』「発刊の言葉」は、ジープ社社長二木秀雄の七三一部隊での前歴と戦犯不訴追・免責を知ってか知らずか、ジープ社の内紛を、以下のように暴きます。おそらく社会党や共産党からもニュースを得てきた良心的記者たちの反乱で、二木に追放されたのだろうと思われます。

『政界ジープ』17号（1948年2月）

『政界アサヒ』創刊号（1948年12月）

「私達編集同人は二年前、大衆のための政治誌をめざして『政界ジープ』を発刊した。……しかし雑誌の基礎漸く固まらんとするころ、その編集方針はガラリと一変せられ、大衆に迎合する安易な政治への追随主義と変ってしまった。民主主義を説く社内が最も非民主的なものになってしまったことも体験した。そして発刊の趣旨も主張も完全に失われてしまった。私達が政界ジープ社と絶縁してしまったのはその為からであった。苦節半歳、私達はここに『政界アサヒ』を創刊する。新しい民主主義と正しい政治のために……。」

編集兼発行人・笠原真太郎とあり、版元は青銅社となっています。ただし体裁は、『政界ジープ』表紙の近藤日出造による政治家の似顔絵が、『政界アサヒ』では清水崑の描く片山哲に代わったくらいで、グラビア・構成・コラム等も『政界ジープ』そっくりです。内容も、特集「昭電旋風吹きまくる＝吹っ飛んだ芦田内閣」「戦線をかくらんする人々＝民同攻勢何処へ？」で、『政界ジープ』の反共色をやや薄めた程度です。左派のライバル誌『真相』ほどの急進性も、天皇制や資本主義の批判もありません。

雑誌『政界アサヒ』は、国会図書館に四九年六月第四号まであるといいますが、私が入手できたのは四八年一二月創刊号のみです。どうやら二木秀雄には対抗できず、半年で廃刊に追い込まれたようです。ただし版元の青銅社は、もともと『政界アサヒ』発刊のためにできた出版社らしいのですが、その後『真相』を休刊した佐和慶太郎が加わり、無着成恭『山びこ学校』を一九五一年のベストセラーにして、生き残ります。平塚らいてふ・櫛田ふき共監修『われら母なれば　平和を祈る母たちの手記』（一九五一年）、ルイ・アラゴン『共産主義的人間』（後藤達雄・那須国男共訳、五三年）などの単行本を出しています。

本家の『政界ジープ』の方では、四九年四月号巻末に「最近『旧政界ジープ同人編集』と名乗る本誌類似の雑誌が発行されておりますが、右は本社とはまったく関係がありません」と小さな「社告」が出ているだけです。二木秀雄にとっては、七三一部隊の旧悪が暴かれたわけでもなく、造反組の『政界アサヒ』は、軽くあしらって済むエピソードでした。

『医学のとびら』で七三一医学者再結集、朝鮮戦争前夜に反共記事で儲ける

二木秀雄の出版ビジネスにとってより重要なのは、ジープ社発行の医師・医学生向け雑誌、厚生省医務局編『医学のとびら』（四九年発刊時は『とびら』、五一年まで）刊行によって、旧七三一部隊関係者を自社の雑誌を通じて再結集し復権すること、および単行本市場にも手を広げ、一九四八年一点・四九年二点から五〇年に突然四〇〇冊以上の出版に踏み切ることでした。

石井四郎をはじめとした七三一部隊の戦犯不訴追・免責は、日本で早くから冷戦を推進したG2ウィロビーの庇護・管理下で進行し、国内冷戦の定着の過程で復権・復活に向かいました。二木秀雄の『政界ジープ』刊行・普及、ジープ社の経営安定・多角化の歩みは、その一つの事例であり、かつ、復権の一つの指標でした。

二木秀雄の『政界ジープ』は、占領政策の「逆コース」に乗って、左派の『真相』に対抗する右派の時局雑誌として部数を伸ばし、影響力を広げました。

一九四九年以降の誌面に踊るのは、従来からの政財界ゴシップ・スキャンダルに加えて、「別冊付録　中国共産党の全貌」「赤い電波に踊る岡田嘉子」（四九年三月）、「徳田球一君への公開状」「鈴なりのアカハタ列車、文化人の集団入党」（同四月）、「十月革命説成るか——労働攻勢と共産党の戦術を衝く」「引き揚げ者討論　裸のソ連」（四九年一〇月）、「ハバロフスク将官特別収容所」（四九年一一月）、「ソ連を支配する一二人の男」（五〇年二月）、「徳田球一を裸にする」「徳田球一予審訊問調書」「一刀両断された赤い学生細胞」（五〇年七月）などの反ソ

反共記事の連発です。実際に部数が増えたのか、四九年八月創刊四周年号の巻末で「ある権威ある調査で、総合雑誌は文藝春秋、婦人雑誌主婦の友、文芸雑誌小説新潮、政治時局雑誌では政界ジープが上半期最も売れた雑誌」と自讃しました。

四九年一〇月にGHQの検閲が終了し、CCD（民事検閲局）は廃止されます。原爆被害や第二次世界大戦での国際関係を論じることも可能になりました。しかし占領は継続していますから、大新聞や大手メディアは、CCD時代の社内検閲・自主規制の延長上で、米国批判・旧軍礼賛などは注意深く避けていました。

『政界ジープ』も、「中立＝是々非々主義」を掲げながら「逆コース」に迎合し、戦争秘話・戦記読物を掲載し、第三次世界大戦切迫から朝鮮戦争報道を増やしていきました。

「南海の幽鬼　ニューギニアの悲劇――戦友の人肉を喰った」（四九年八月）、「天皇と幕僚」（同一〇月）、「戦争か平和か、米ソ戦を解剖する」（五〇年四月別冊）、「極東コミンフォルムの地下組織」「五〇年テーゼを生んだ革命指令」「共産党非合法化の前夜を探る」、「スターリン・吉田茂　架空対談」（五〇年八月）、「戦争、日本はどうなる、われわれの生活はどうなる」「ソ連はいつ攻勢に転ずるか、ソ連は果たして原爆を使うか」「世紀の運命を決定する水爆の威力、日本国防軍は再建されるか、米国は日本を見捨てない」「戦禍の朝鮮」（五〇年九月臨時増刊）といった具合で、再軍備が語られる時流に迎合します。

原爆・原子力報道を再開した二木秀雄『政界ジープ』

『政界ジープ』四九年五月号から、社長の二木秀雄は、コラム「素粒子堂雑記」の連載を開始します。名前からして原子力を連想させますが、その第一回で、二木は、かつて四五年九月に広島に入ったことを告白し、「原子力は人類を滅亡せしめるか、それとも平和的・建設的に用いられ新しい文明の創造者になるか」という、かつて金沢『輿論』創刊時に掲げた二本柱の一つを表に出します。天皇制はすでに護持されたことを前提として、科学技術立国・原子エネルギー利用の主張を再開しました。

五〇年四月の「素粒子堂雑記」には、「原爆、水爆——次々に創造される人類の新しい力を何とか医学の上にも活用させたい」とあります。朝鮮戦争直前、五〇年六月号では「原子爆弾は世紀の脅威であり、世界の戦慄であるが、それは米国の合理主義の産物であった。広島・長崎の受けた惨禍を思うと、次の戦争が人類文明の破滅を意味することは想像に難くない。……合理主義の産物として現れた原爆を破壊のために役立てないこと——これが合理主義の政治への課題でなければならない」と「原子力の平和利用」を唱えます。

公平のために言えば、二木秀雄風の「原子力の平和利用」は、武谷三男・平野義太郎ら当時の民科系左派も主張したもので、二木に固有のものではありません。左派のような「ソ連の核開発」への期待がないだけです。

二木も「原爆反対」は述べており、有名な栗原貞子「生ましめんかな」は、もともと『中国文化』創刊号（一九四六年三月）に発表されたものですが、全国に広めたのは日本基督教青年会同盟編『天よりの大いなる声』（一九四九年）への収録で、発行はジープ社と住所が同じ東京トリビューン社です。二木秀雄が発行人で、同書には、二木社長への謝辞が入っています。こうした「原爆反対・原発推進」の論理の問題性については、加藤『日本の社会主義』（岩波書店）で詳しく論じましたので、ご参照ください。

『真相』の原爆被害報道と反戦平和運動へのコミット

朝鮮戦争前夜の『政界ジープ』の編集方針は、左派のライバル雑誌、佐和慶太郎の人民社の発行する『真相』への対抗でした。『真相』は、「逆コース」の時代にも、四九年下山・三鷹・松川事件報道などで左派の主張を貫きました。社会党や共産党の内情報道も『真相』の目玉で、『政界ジープ』と同じく公称一〇万部の「バクロ雑誌」と謳っていました。

占領期の『真相』は、他誌に先駆けて、大々的に広島・長崎の放射線被害継続を報じます。CCD検閲終了直後の四九年一二月号「平和都市を食う人々」では、「平和」に「ゲンバク」とルビを振っています。広島平和記念都市建設法公布で、当時の浜井信三市長、楠瀬常猪知事、広島県選出国会議員池田勇人らが、復興事業の予算と利権をめぐって暗躍していると問題提起しました。

注目すべきは、同号のルポ記事中の小さなコラムで「広島の原爆のギセイ者は政府発表によると死亡一二万ということになっていたが、今年の記念日にやっと『実は二四万でした』と浜井市長から訂正があった。内訳は市民一八万、勤労奉仕隊その他労働者三万、兵士三万――当時の配給人口二四万五千にくらべて全滅状態といえよう」と、ＣＣＤ検閲では禁止されていた原爆の人的被害の実相を、真正面から取り上げました。

以後も、「世紀の戦慄　米ソ水素爆弾競争を探る」（五〇年四月）、東北大学イールズ闘争での学生たちの「ここはアメリカの大学ではないぞ」「ノーモア・イールズ、ノーモア・ヒロシマ」の声の紹介（五〇年七月）を掲げ、「子供たちは戦争をどうみるか」では「今度、戦争がおきたらアメリカとソ連だ。そうしたらきっと日本にも原子爆弾がおちる」と解説します（五〇年八月）。朝鮮戦争が始まると、太田洋子の記録の紹介や世界の原水爆禁止運動報道など、反戦平和・原水爆反対の主張を正面から掲げるようになります。

「原爆がもしニューヨークに落ちたら」（五〇年一一月）、「東京に原爆！　あなたはどうする？」（五〇年一二月）の仮想シミュレーションでは、「身の毛のよだつ原子病」「東京に『ヒロシマ』を再現」し、広島・長崎原爆の悲惨を読者に伝えようとしました。

「原子力の平和利用」、特にソ連の原子力発電については肯定的でしたが、当時の仁科芳雄・武谷三男らの手放しの「原子力時代」礼賛には距離をおき、休刊直前の「日本版『ウラニウム狂躁曲』時代来る」では、原子力研究・原子炉開発が膨大な予算と新たな利権を生むことに、注意を促しました（五一年一月）。

日本共産党の五〇年分裂で『真相』は休刊へ、佐和慶太郎は青銅社へ

総じて佐和慶太郎の『真相』は、ＣＣＤの検閲を避けて、四六〜四九年はほとんど原爆に言及できませんでしたが、検閲から解放されると、放射能被害の悲惨・長期化をも詳しく報じ、反戦平和運動にコミットしました。

ただし『真相』の版元人民社は、多くの日本共産党員を抱えていました。一九五〇年一月のコミンフォルムによる日本共産党批判によって、編集長格の松原宏遠ら所感派（徳田球一らの主流派）が、国際派の佐和慶太郎社長と対立します。五一年一月には、人民社の廃業、『真相』の一時休刊に追い込まれました。

一九五〇年のコミンフォルムからの批判による日本共産党の分裂、「占領下平和革命」論から民族解放を掲げた暴力革命路線への転換については、簡単には加藤哲郎「日本共産党とコミンフォルム批判」（『岩波講座　東アジア近現代通史　第七巻　アジア諸戦争の時代』岩波書店、二〇一一年二月）に書きましたが、詳しくは下斗米伸夫『日本冷戦史』（岩波書店、二〇一一年）を参照してください。

人民社で主流派社員から追い出されたかたちの佐和慶太郎は、かつて『政界ジープ』を追われて『政界アサヒ』を出した記者たちのいる青銅社に移って、無着成恭『山びこ学校』を五一年三月に世に出し、ベストセラーにします。

その後、サンフランシスコ講和・独立後の五三年一一月に、佐和は真相社の名で新会社を興

し、雑誌『真相』を復刊して（第五七号）、「平和、独立、民主主義の旗じるし」「アメリカに帰ってもらう世論をつくる雑誌」と謳います。

『真相』は、ビキニ被爆、原水爆禁止運動の時局報道の他に、「濃縮ウラン受入れの裏にあるものは――原子力の平和利用という名の陰謀」（五五年五月）などで、正力松太郎と中曽根康弘の暗躍報道でも先駆的役割を果たしました。

大手メディアのハバロフスク裁判無視と『真相』『政界ジープ』のバクロ合戦

二木秀雄は、日本共産党の分裂によるライバル誌の政治的苦境・経営危機を利用しました。『政界ジープ』五〇年八月号は、『真相』と佐和慶太郎を名指して、真正面から業界スキャンダルとして人民社の分裂を暴きます。「暴力のペン振るう人民社の機密室、代々木本部と訣別した独立共産党」が大見出しで、「『真相』追放の真相」「なめられた共産党」「仮面をかぶった左翼商業主義――光クラブも顔負け」「人民社から追い出された労農通信社」「社員もお互い様と稼ぐ」「真相株主人名簿」「人民社翼賛議会」「ワンマンの天下」「天皇行状記、松原宏遠裸像」「『真相』日共の外郭機関」「真相独立共産党」「百鬼夜行の内幕――佐和・松原の泥試合」「恐るべきスパイ政策」「告訴によってフトる『真相』」「『真相』よ何処へ行く」と、センセーショナルに報じます。

同時にそれは、実は『真相』五〇年四月号の長文の特集「内地に生きている細菌部隊　関東

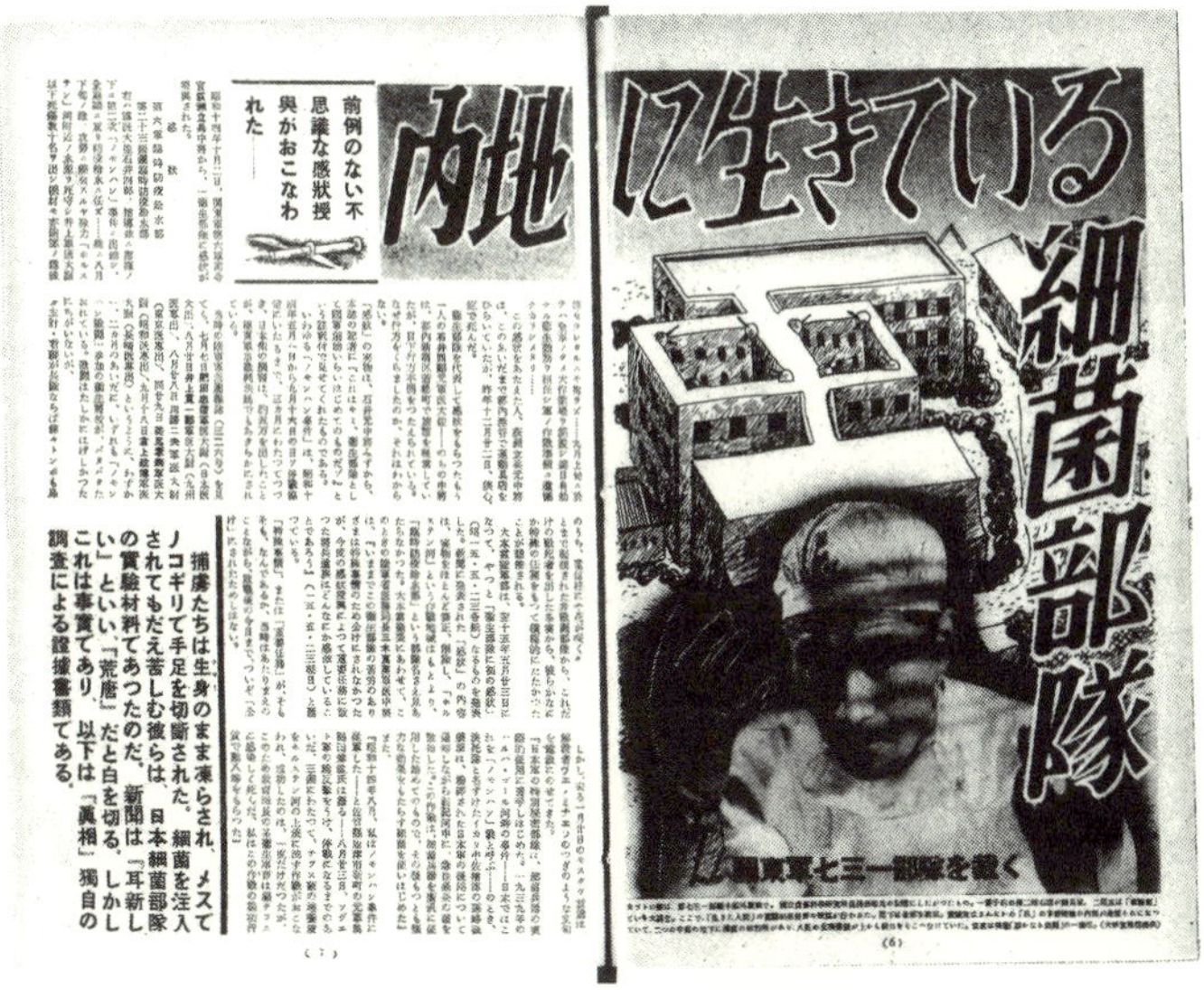

『真相』1950年4月号「内地に生きている細菌部隊」

軍七三一部隊を裁く」というバクロ記事に対する、『政界ジープ』の反撃・逆襲でした。

関東軍防疫給水部、石井四郎等七三一部隊の人体実験・細菌戦を「細菌兵器の準備及び使用」の戦争犯罪として裁くソ連のハバロフスク軍事裁判は、一九四九年の末、一二月二五日から三〇日に公開で行なわれました。関東軍司令官山田乙三の矯正労働二五年をはじめ一二人の被告全員に有罪判決が出たことは前述の通りです。

裁判記録は、タス通信やモスクワ放送で報じられたのち、日本語を含む七ヵ国語の『公判書類』としてモスクワ外国語図書出版所から出版されましたが、当初の日本での報道は、簡単なものでした。

四九年は九月にソ連の核実験成功が報じられ、一〇月に中華人民共和国が成立して、左派メディアでは、社会主義ソ連こそが第三次世界大戦を阻止する「平和勢力」の中心だと宣伝されていました。

『朝日新聞』では、五〇年二月三日に「ソ連大使ア長官に覚書　天皇の裁判要求」「ソ連大使談　細菌戦の責任」「総司令部法務局長談　米、拒否せん」「極東委の見解　覚書は矛盾」という報道で、米ソの対立するシベリア抑留帰還の遅れに対する弁明、天皇の戦争責任問題の蒸し返しが、ソ連がハバロフスク裁判を公開した「二つの宣伝目的」とされています。

翌二月四日には、ソ連が昭和天皇、石井四郎、北野政次、若松有次郎、笠原幸雄（関東軍参謀長）の五人の戦犯容疑者を指名して国際法廷を要求してきた、と報じました。すでに結審した極東国際軍事裁判（東京裁判）キーナン首席検事の「スターリンこそ戦犯」、イギリス・オーストラリアの拒否、「石井氏は行方不明」などと報じられ、五日の米国務省「天皇裁判拒否」声明発表で、ほぼ決着を見ました。

いずれも一面掲載とはいえ、大きな扱いではなく、もっぱらシベリア抑留をカモフラージュするソ連のプロパガンダ、政治的裁判と見なしたものでした。

そのため、ハバロフスク裁判は、大手の新聞や論壇雑誌ではほとんど無視されましたが、こうしたイデオロギー的宣伝戦こそ、大衆時局雑誌の得意とする領域でした。

『レポート』の先駆的七三一部隊報道と『真相』による二木秀雄の軍歴バクロ

七三一部隊についておそらく最も早い報道は、「日本の内幕、世界の真相」をキャッチフレーズとする時事通信社『レポート』誌五〇年三月号の一〇頁の特集「七三一部隊の戦慄」でした。そこではハバロフスク裁判の「カワシマ（川島清）」「カラサワ（柄沢十三夫）」供述を用いて、「荒野の文化都市」平房における「血に飽いた蚤と共に」使われた「人間モルモット」「細菌攻防戦」をセンセーショナルに報じました。

特集では「果たして『関東軍細菌部隊』は実在したか?」「第七三一部隊はつたえられるがごとく、三千の罪なき命をうばった『無法部隊』だったか?」と疑問符を付しつつ、「本誌が全国の通信網を動員して」関係者にインタビューを行ない、「東京都在住A氏＝本人の希望により名を秘す」やハバロフスク裁判の菊池則光被告の実父ら一〇人ほどの証言・談話を掲載しており、今日振り返ると、貴重な調査報道になっています。

次に大きく報じたのが、『真相』五〇年四月号の一三頁の特集で、「捕虜たちは生身のまま凍らされ、メスでノコギリで手足を切断された。細菌を注入されてもだえ苦しむ彼らは、日本細菌部隊の実験材料であったのだ。新聞は『耳新しい』といい、『荒唐』だと白を切る。しかしこれは事実であり、以下は『真相』独自の調査による証拠書類である」とゴチックでセンセーショナルに書かれています。

内容は、タス通信のハバロフスク裁判報道をベースにしながらも、石井四郎への天皇「感

す笠原四郎博士は、病源検索主任として、これは『いやだといつたのだけれど、どうしてもキミでなければだめだ』（笠原博士談）という石井部隊長の懇望もだしがたく、昭和十四年、第七三一部隊入りをした。ついで前にも紹介した凍傷実験専門の京都府立医科大学の吉村壽人教授、京大病理学教室の岡本耕造教授、兵庫縣立医科大学細菌学教室の田部井和教授、長崎医大の林一郎教授という関西医学界の中枢が、ぞくぞく石井にひつこぬかれていつたが、林一郎教授は、第七三一部隊実験室の凄惨な現場をひと目みるなり、イヤ氣がさして、石井の眼をぬすんで、半年もたたずに逃げ帰つた。『第七三一部隊は、入つたら最後、よくよくのことでも石井部隊長じきじきの難解なテストをパスしなければならなかつた』（國立資源科学研究所員淺沼靖氏談）から、林教授の逃亡を知つた石井は、『見つけ次第殺してやる』とカンカンになつて、戦時中を通じて林教授の行動を、憲兵に監視させたから、同教授は、まつたく、身のおきどころがなかつたといわれる。

〝満洲猿〟をころしてもかごろくきまっている
政界ジープ社長　二木秀夫

現在『政界ジープ』という時局雑誌を経営している元金沢医大細菌学教室の二木秀夫博士などは、第七三一部隊技師連中のなかでも、変りダネに属している。柔道四段あるいは五段ともいわれる二木博士は、それだからでもあるまいが、「陸軍のドラ息子」（乙津元憲兵曹長談）といわれた石井四郎将軍と、バカにウマがあい、昭和十三年いらい、第七三一部隊の新しい研究題目となつた「孫呉熱」病源体の検索のため、ずいぶんハデに、〝満洲猿〟を殺していた。満洲で実験に供されるものは、ソ連籍であると中國籍であるとに拘らず〝満洲猿〟であり、最近のソ連当局の細菌戦犯の発表後、二木博士は、極度に氣が滅入つているといわれるのは、やむをえないのである。

昭和廿年の春、九州で捕虜になつたB二九搭乗員八名のほかに、『なお行方不明となつている米軍捕虜四十名以上』（二三・二・二六朝日）あるといわれているが、在ソ戦犯の唐澤富雄軍医少佐は、『一九四三年春、わたしは奉天で入院していたが、そこへ第七三一部隊の科学協力者ミナトがたずねてきて、奉天で米軍捕虜にたいする傳染病免疫の研究を行うことを語つた。ミナトは専ら捕虜収容所のアングロ・サクソンに対する免疫の調査を行つていた』（二四・一二・二七ハバロフスク放送）と陳述しているが、陸軍軍医團雑誌（三六六号）の「各地研究会記事」という欄に、「〇〇俘虜収容所の印象」という題目だけの「湊技師」なる人の報告がある。北研の笠原博士の談によれば、ミナトと湊技師とは同一人で、京大医学部湊正雄講師だそうである。

石井隊長が、第七三一部隊に狩りあつめた細菌、病理、生理学関係の学者は、彼の母校の京大出身のものが大半をしめてい

『真相』1950年4月号の二木秀雄バクロ記事

状」や『陸軍軍医団雑誌』まで遡って調べ、被告一二名に留まらぬ七三一関係者を、清野謙次・宮川米次ら大御所から吉村寿人・石川太刀雄ら実行部隊まで実名・現職を出して掲載します。帝銀事件での疑惑も報じて、七三一部隊の戦後の軌跡を幅広く追究する調査報道です。

陸軍軍医学校の内藤良一の名はなく、「柄沢十三夫」を「唐澤富雄」と表記するような誤りもありますが、「天皇裁判はどうなる」というソ連側戦犯訴追要求の背後に、被害者である「中国の四億の人民大衆」をおくなど、鋭い独自の分析が出てきます。

その七三一部隊隊員告発の中に、『政界ジープ』社長二木秀雄の軍歴が、顔写真入りで入りました。

「現在『政界ジープ』という時局雑誌を経営している元金沢医大細菌学教室の二木秀雄博士などは、第七三一部隊技師連中のなかでも、変りダネに属している。柔道四段あるいは五段ともいわれる二木博士は、それだからではあるまいが、「陸軍のドラ息子」（乙津元憲兵隊長談）といわれた石井四郎将軍と、バカにウマがあい、昭和一三年いらい、第七三一部隊の新しい研究題目となった「孫呉熱」病原体の検索のため、ずいぶんハデに「満州猿」を殺してきた。満州で実験に供されるのは、ソ連産であると中国産であるとに拘わらず「満州猿」であり、最近のソ連当局の細菌戦犯の発表後、二木博士は、極度に気が滅入っているといわれるのは、やむをえないのである。」

記事の「満州猿」とは、無論「マルタ」のことで、人体実験の告発です。

『政界ジープ』はソ連粛清裁判と反共謀略報道で反撃

この『真相』一九五〇年四月特集とほぼ一緒に出た、五〇年四月号の『政界ジープ』は、『レポート』『真相』をはじめとした当時の七三一部隊報道への反撃となっています。

まずは「『天皇戦犯』の震源を衝く」で、「アメリカ政府は、これまで日本の法律上の戦争責任に関しては軍部首脳と、天皇を区別し、日本民主化のための天皇を、国民統合の象徴としてみる態度を明らかにしていることは周知の通りである。これに対して真正面から天皇戦犯論を決めつけて来たソ連政府の意図は、日本に共産主義を深く広く成長させるための混乱を期待する点にある」と、折からのコミンフォルムの日本共産党野坂参三批判に便乗して、ハバロフスク裁判は「日共ダラ幹を一掃して筋金入りの暴力革命への突進」を狙うソ連共産主義の陰謀の一環と断じます。

戦前いわゆるスターリン粛清期のトロツキー、ジノビエフ、カーメネフ、ラデック、トハチャフスキー裁判の例を挙げて、ハバロフスク裁判は「鉄のカーテンの奥深い場所」ででっち上げの見世物裁判だ、と糾弾することも忘れません。

さらに、「細菌戦裁判の実相を暗示する　被告唐澤富雄のメモ」なる「赤色裁判の恐怖！罪人を製造する拷問のカラクリ！」という謀略報道を、大きく掲載します。

ハバロフスク将官特別収容所で被告たちと一緒だったという「半年ばかり前に日本に帰ってきた」元特務機関員らしい引揚者二人から得た特ダネ情報として、「唐澤富雄［柄沢十三夫］軍医少佐」が薬品事典様の上質の紙の断片に細かく記し帰還者に託した「秘密メモ」なるものを、八頁にわたって延々と掲載します。「しょう人から、ひぎしゃへ。自はく。いがいたい、すいみん不足」とか「この地ごく、つまのゆめ、ロスケ、こうしゅけいのゆめ」などが、ピストルに脅されスパイに囲まれながら精神を狂わされた柄沢の悲鳴で、そんな獄中での尋問記録は「準備されたる自白」で、拷問・脅迫によるでっち上げの証拠だといいます。

荒唐無稽の謀略記事ですが、いかにも七三一部隊の対ソ・インテリジェンス担当だった二木秀雄らしい作り話です。ここには無論、石井四郎や二木秀雄の名は出てきません。「公判記録」の柄沢十三夫証言が、神経症の妄想とされているのがポイントです。

この『政界ジープ』五〇年四月号特集を踏まえて、七三一部隊二木秀雄の名を出した雑誌『真相』そのものを「仮面をかぶった左翼商業主義」「日共の外郭機関」と叩いたのが、『政界ジープ』五〇年八月号の『真相』スキャンダル特集でした。いわば日本共産党の分裂・社内紛争という批判者佐和慶太郎・人民社のオウンゴールで、二木秀雄の『政界ジープ』及び七三一部隊の悪行は命脈を保つことができたのです。

『真相』も『政界ジープ』も休刊し、ハバロフスク裁判報道は下火に

『政界ジープ』一九五〇年九月号は、金沢『輿論』から数えて創刊五周年記念号と謳います。その「素粒子堂雑記」で、二木秀雄は、『政界ジープ』を「総合雑誌でも娯楽雑誌でもない」「第三の性格」の時局雑誌とし、「戦後続々現れたいわゆる時局雑誌の多くはすでに影を消したが、今日残っている『レポート』にしろ『真相』にせよ『旋風』にしろ例外なく、その内容は別として、企画の立て方から編集の組み方まで、いちばん早く発足した本誌のスタイルをまねてスタートしたことは、同業間はもちろん、読者各位のよく知らるるところである」と、老舗であることを自賛しました。

ただし『政界ジープ』は、『真相』とは別の「やむをえない経済的事情」で、一九五一年八

月から五二年三月に一時休刊します。朝鮮戦争のさなかで、ハバロフスク裁判報道も下火になり、しばらく消えていきます。

以上の一九五〇年三月『レポート』、四月『真相』『政界ジープ』の時局雑誌によるハバロフスク裁判報道は、七三一部隊細菌戦発覚時の重要資料であるにもかかわらず、最も詳しい参考文献目録である「七三一部隊・細菌戦 デジタルライブラリー」にも出てきません（http://www16.atpages.jp/chisei/731/contents04.html）。やや後の永松浅造「細菌戦の全貌」（『日本週報』一九五九年三月一日号）も、時局雑誌のためか無視されます。ただし、家永教科書裁判における歴史学者江口圭一の意見書では、『真相』五〇年四月号がとりあげられました。

ハバロフスク裁判の全容と信憑性が資料的に明らかになるのは、ソ連崩壊後です。近藤昭二とＮＨＫ取材班「現代史スクープドキュメント　七三一細菌戦部隊」（一九九二年）取材で、当時の供述書や公判書類現物が見つかり、第Ⅱ部で見た二〇一七年ＮＨＫスペシャル「７３１部隊の真実」で、公開裁判の音声データまでが発見され放映されたことによります。

四　医学雑誌と血液銀行、精魂塔による七三一部隊の再組織

厚生省医務局『医学のとびら』による二木秀雄の医学・医療業界復帰

左翼バクロ雑誌『真相』五〇年四月号が、ハバロフスク裁判を機にライバル誌『政界ジープ』発行人二木秀雄の七三一部隊・人体実験歴を暴くことができたのは、その一年ほど前から、二木秀雄が「本誌主幹、医師・医学博士」として表に出て、積極的に発言するようになっていたからです。石井四郎らの戦犯不訴追・免責に安心しての、二木秀雄の医学・医療界への復帰が、その経歴や人脈を注目させることになりました。

『政界ジープ』一九四九年六月号に、『とびら』(二巻五号から『医学のとびら』)という厚生省医務局監修「インターン生の雑誌」の刊行が広告に出ています。「医師の国家試験の狭き門をくぐる全国幾千の同行に対し、ささやかな道しるべを与えること、これが本誌発刊の趣旨である」と言います。

発行所は「綜合科学研究会」となっていますが、住所が東京銀座七―三、電話番号は五七―

一二六八と、ジープ社と同じです。もっとも、『政界ジープ』奥付は、この号から「東京トリビューン社発行、発行人狭間研一」となっていて、「東京トリビューン社」も銀座の住所が同じです。二木秀雄の経営多角化が、いよいよ医事薬事業界に広がったことを意味します。

『とびら』『医学のとびら』は、国会図書館でも欠号が多いのですが、現在でも残されていますす。国会図書館には創刊号がなく、第一巻第三号が一九四九年六月号です。四九年四月に創刊されたのかもしれません。一九四七年に制定された学校教育法にもとづいて、一九四九年四月に新制大学が発足しました。同年七月には医療法、医師法、歯科医師法、薬剤師法など、PHW（公衆衛生福祉局）サムス准将の構想にもとづき改革された医療制度が整い、現在まで継承されます。

新制医学部・医科大学は、六年制の医学教育の後、一年の実地研修インターンを経て医師国家試験を受ける、医師養成制度に統一されました。二木秀雄の『とびら』『医学のとびら』は、新しい医師国家試験用受験雑誌で、国会図書館蔵書では三巻三号（一九五一年四月）までの刊行が確認できます。

厚生省医務局監修の国家試験受験生向け雑誌ですから、合格率一〇〇%をめざして、当時の医師国家試験審議会委員長・児玉桂三も寄稿しています。私の関心からすれば、七三一部隊関係者の石川太刀雄、緒方富雄、内野仙治らが頻繁に登場し、専門知識を披露していることが注目されます。

金沢大医学部の石川太刀雄は、ほぼ毎号登場する常連で、国家試験委員なのかもしれません。もう一人の常連は、二木秀雄です。ジープ社と同じ住所の綜合科学研究会の代表で、連載「ぴあ・めでちな」を書いています。すなわち「編集兼発行人　二木秀雄」が「編集後記」と共に毎号登場する医学雑誌です。どうも、二木秀雄と石川太刀雄の七三一部隊金沢仮司令部コンビが、厚生省医務局（とＰＨＷ）のお墨付きを得て、七三一部隊医学者の再結集をはかったように見えます。

もう一つの特徴は、表紙裏から裏表紙まで、ほとんど医薬品の広告です。『政界ジープ』や『財界ジープ』『経済ジープ』でも医薬品・医事企業の広告が銀行・保険会社と共に多かったのですが、若い医師と新知識を求める全国の開業医向けに医薬広告をとり、厚生省と医薬・医療機器産業と医学・医療界の癒着の構造の接点に、二木秀雄は医師兼出版ビジネスマンとして潜り込もうとしたようです。二木秀雄の医師としての復権の第一歩は、厚生省と医薬業界と医学者・医師を結びつけ、秘かに七三一医学を復活することでした。

梅毒人体実験医師二木秀雄による「若き人々におくる性生活展」

『政界ジープ』一九四九年八月号の二木秀雄のコラム「素粒子堂雑記」は、「私の友人、知人の大部分は医者である。大学の先生もあれば町の開業医もある。役人をしているものもあるが、それも根は医者である」と、『とびら』創刊の仕掛けをさりげなく告白しています。次の九月号に「綜合科学研究会主催の『産児制限展』を見るために大阪に行った」と記し、一〇月号の「素粒子堂雑記」では、次のように書きます。

「七月から九月にかけて、私の主宰している綜合科学研究会は大阪の阪急百貨店、東京では銀座三越と浅草松屋で『性生活展覧会』を開催した。厚生省、文部省、各大学をはじめ関係当局の絶大な指導と援助のもとに行われたもので、有意義な仕事であることは最初から判っていたが、性問題となると頭から不真面目なもの、紳士淑女の口にすべからざるもの、と考え勝ちな人々も少くないから、その成果には多くの疑問があった。ところが、フタをあけてみると入場者の数も、その態度もこうした危惧を打破り、非常によかった。特に女学生や、若い主婦が真剣に資料を見ている姿が目立った。最近性病予防週間に際して当局が発表した数字によると昭和二三年度の性病患者数は四七万余に上り、新しい傾向として一般家庭婦人の新患者がふえていることと、赤ちゃんの先天性梅毒が激増していることが指摘されている。……これをお役所まかせにせず、広く国民的な運動にまで進めなければならないと思う。」

七三一部隊における二木秀雄の医学的役割は、結核菌の培養と治療方法の開発、その応用としての結核菌による細菌戦の可能性の探究でした。しかし、医学者としての二木秀雄は、東大・京大など帝国大学医学部細菌学教室の俊英が揃った七三一部隊では、必ずしも秀でたものではありませんでした。

ただし、二木秀雄にも、医学的に活躍できる一つの領域がありました。博士論文で扱った梅毒など性病の世界です。七三一部隊で梅毒研究も進めており、何よりも、満州で売娼や従軍慰安婦に接し、忌まわしい梅毒人体実験までして、性病対策に取り組んできました。二木が医学・医療界に復帰し入り込むには、性病対策・産児制限・受胎調節の世界しかなかったのです。

それが、一九四九年の綜合科学研究会結成であり、性生活博覧会でした。主催は綜合科学研究会ですが、住所は『政界ジープ』のこの号の発行元東京トリビューン社と同じで、二木の銀座ジープ社ビルです。

「資料提供」は東大、京大、阪大、金沢大、慈恵大、日医大、国立公衆衛生院、国立教育研究所、とあります。これに「後援」として、厚生省、文部省、労働省、東京都に加えて、結成三年目の日教組まで入っています。学術的で官公庁のお墨付き、それに教師たちの労働組合まで後援なら、まだ旧い道徳観念の残る親たちも、安心して「若き人々」に性教育として見せることができる、という魂胆でしょう。

性生活展の目玉は「明治の毒婦」高橋お伝の局部標本展示

ところがこの展覧会の目玉は、「明治の毒婦高橋お傳　昭和の浅草に正体を現わす」というキワモノ展示でした。ルポルタージュ作家・大橋義輝は、一八七六（明治九）年、東京でおきた強盗殺人事件の犯人として死刑となった高橋お伝の猟奇的事件と、その死刑に処され解剖された遺体の行方を追って、二木秀雄の「性生活展」に行き着きました。

大橋さんは、この時の浅草松屋デパートのチラシ広告を発掘し、著書『毒婦伝説』に掲載しています。そこには

「明治の毒婦高橋お伝の生身の標本は、学術の殿堂深く、門外不出、絶対非公開の下、多年神秘のかげに隠されていたもので、今般当展覧会の意義に協賛せられ特に出品を許可されたものであります。これは決して単なる見世物ではありません。冷徹な科学的資料で、この機会を逃したら今後絶対に見ることのできない超貴重品であります」

とあります。その「科学的資料」とは、高橋お伝の解剖された女性器のアルコール漬け標本で、これが宣伝の目玉でした（大橋義輝『毒婦伝説――高橋お伝とエリート軍医たち』共栄書房、二〇一三年、同『拳銃伝説――昭和史を撃ち抜いた一丁のモーゼルを追って』共栄書房、二〇一六年）。

実際の展覧会の模様は、ハバロフスク裁判の柄沢十三夫被告についての謀略報道が掲載された『政界ジープ』五〇年四月号に、山下紀一郎の絵と文による「わかき人におくるルポル

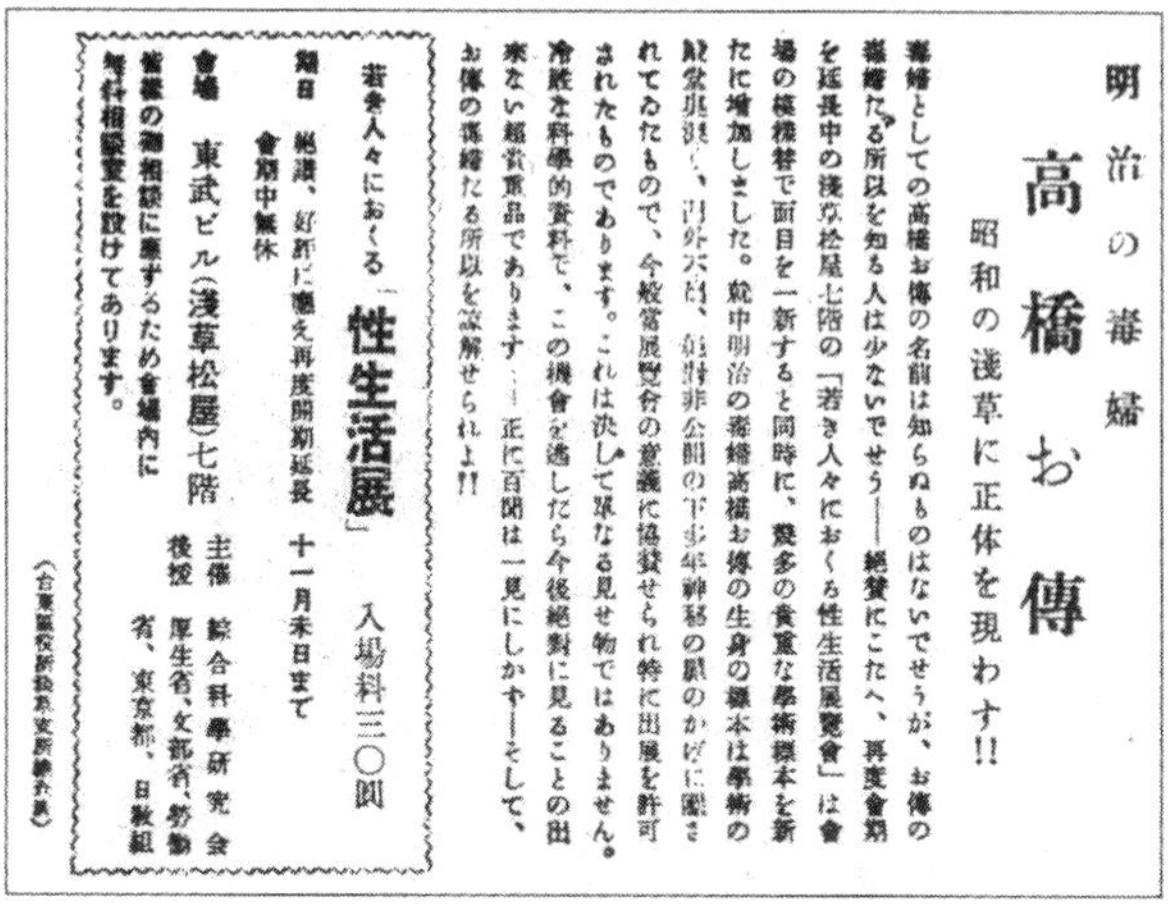

お伝の陰部の標本が公開された「性生活展」の広告
出典：大橋義輝『毒婦伝説』（共栄書房、2103 年）、112 頁

『政界ジープ』1949 年 11 月号巻末「若き人々におくる性生活展」広告

タージュ『性生活展』探訪」で描かれています。このルポ記事は、カストリ雑誌の「夫婦もの、性典もの」流行に乗った興味本位のもので、男女生殖器の図解、性病解説、避妊具展示販売などの部屋の模様が、漫画絵入りで並んでいます。「参観者の波」に「若い人」はあまり登場せず、どうやら『医学のとびら』がらみで雇ったアルバイトの医学生が、展示説明や性生活相談に乗っていたようです。

この性生活展の開催中、四九年一〇月『別冊政界ジープ』は、全号「受胎調節」の特集で、ジープ社のビジネス宣伝を兼ねていたようです。巻頭は「京大名誉教授」とありますが、実は七三一部隊の嘱託で初代の金沢大学学長になったばかりの戸田正三が「生活物資と人口」を書いています。公衆衛生院長・古屋芳雄「人口問題と産児制限」、東大教授・田中耕太郎「受胎調節に反対する」のほか、日教組後援の獲得のためか、野坂参三夫人龍「ソ連で産児制限はどう扱われているか」、加藤勘十夫人シズエの「わが産制運動の回顧」も入っていました。この頃の『政界ジープ』巻頭グラビアの目玉は、「政治家の奥さん」でした。

ジープ社五〇年単行本四〇〇冊の謎——七三一部隊隠匿資金、米軍機密資金?

一九五〇年に日本ブラッドバンク(ミドリ十字の前身)設立に加わった二木は、経営が多角化したジープ社を銀座西二丁目一に移転し、その隣に、五〇年一一月一〇日「診療所　素粒子堂」を開設し、自ら院長となって開業医にもなっています。このことは『政界ジープ』の広告でも確認することができます。同じ一九五〇年に、二木の出版活動は奇妙な動きを示します。それまでも雑誌の種類を増やして多角化し、単行本も数冊は出してきましたが、朝鮮戦争のさなかにジープ社は突然四〇〇冊もの単行本を出します。

出版ビジネスは、企画・印刷・製本の製作費が先にかかり、書店の店頭で売れて初めて売上金が回収されます。当時の出版業の常識からすれば、定期の雑誌刊行だけでも大変なのに、大量の単行本刊行に膨大な運転資金が必要になったはずです。いったいどこから資金が出たのでしょうか。七三一部隊敗戦時の隠匿資金・資産、米軍に提供した人体実験データの対価二五万円の一部が使われているのでしょうか？

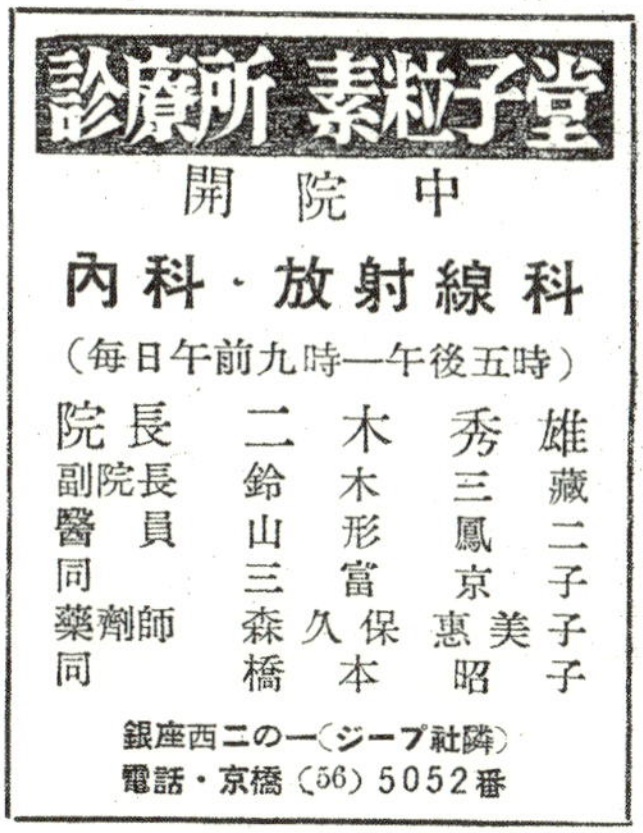

『政界ジープ』1951年1月号の素粒子堂広告

国立国会図書館サーチ（NDL）で「ジープ社」の出版物を検索すると、『政界ジープ』『経済ジープ』『医学のとびら』等数種の雑誌のほか、奇妙なことに気づきます。

同社の単行本が、一九四六年九冊、四七年四冊、四八年一冊、四九年二冊の後、五〇年に突然四〇九冊になり、五一年は三〇冊、以後は同名他社で単行本は出版されません。五〇年も同名他社かと図書館で調べると、「ジープ社刊・

発行人二木秀雄」となっており、事実この年の『政界ジープ』各号の巻末は、膨大な自社の新刊単行本広告で埋められています。

出版内容は雑多で、「ダイジェスト・シリーズ」と銘打ち、古今東西の古典・名作からツルゲーネフ、魯迅、太宰治まで、世界文学を何でもダイジェストにして、気楽に筋を追う安易な解説本が多く見られます。マキアベリ『君主論』、マルサス『人口論』、ペスタロッチ『愛の教育』などはダイジェストですが、柳田国男『日本の昔話』、石川三四郎『古事記神話の新研究』、田村泰次郎『人間夜食』などは、本格的書籍のようです。大宅壮一『日本の遺書』や今日出海『天皇の帽子』なら当時も話題になったはずで、私も読んだ記憶があります。ですが圧倒的にマニュアル本、入門本が多いのです。

政治的・思想的傾向も雑多な中で、強いてこれまでの二木秀雄の軌跡とつながるものを捜すと、雑誌連載が単行本になった二木秀雄『素粒子堂雑記』のほか、『これがアメリカ』『アメリカ留学ノート』『労働とデモクラシー』などの米国礼賛本、蕭英『私は毛沢東の女秘書でした』、ルイス・ブデンツ『顔のない男たち――アメリカにおける共産主義者の陰謀』など反共本が拾える程度です。翌五一年の三〇冊は、五〇年企画の延長上で刊行が遅れた同系統のもので、五二年以降はいっさい単行本はありません。

いったい何のために、朝鮮戦争開始・日本ブラッドバンク設立の一九五〇年に、ジープ社は単行本を乱発したのでしょうか。四八年に四五八一社あった出版社が、五一年には一八八一社に激減する出版不況の時期です。レッドパージにより大手新聞社などの左派ジャーナリストが職を喪う受難のさなかですが、この単行本大量刊行が、翌年のジープ社倒産、その後の『政界ジープ』休刊の理由なのでしょうか。この辺は、ジープ社の経理資料が見つかっていないため、いまだに藪の中です。

ジープ社社名、編集人・発行人変遷の謎

二木秀雄の出版ビジネス経営術も、不可解です。同住所にいくつか別名の子会社を作り、雑誌の編集・発行人も、めまぐるしく交代します。左派のライバル誌である『真相』社主・佐和慶太郎も、この時期「人民社→青銅社編集部→真相社」と変遷しますが、二木秀雄のジープ社は、それ以上にわかりにくい動きを示します。

『政界ジープ』は、一九四六年八月創刊から四九年四月号までは「ジープ社、編集発行人二木秀雄」でした。ところが四九年五月から五〇年三月号までは、「東京トリビューン社」という別会社（といっても同一住所）が、発行元になります。

「発行者」名は、この間、四九年五月から一二月まで「狭間研一」、五〇年一～三月は「東京トリビューン社、二木秀雄」です。ちょうど厚生省医務局『とびら』『医学のとびら』を「ジープ社、二木秀雄」名で出していた時期で、どうやら一般向け『政界ジープ』と医師・医学界向け『医学のとびら』の発行元を、いったん分離したようです。もっとも『別冊・政界ジープ』

『経済ジープ』及び単行本は、基本的に「ジープ社・二木秀雄」発行が続きます。

『政界ジープ』の版元は、朝鮮戦争直前の一九五〇年四月号から五一年七月号後の一時休刊までは「ジープ社」に戻りますが、「編集人」がめまぐるしく交代します。五〇年六月から「中西清」、八月から「本田二郎」、五一年には「高橋輝夫」「由良猛」「横山敏和」らが登場します。「発行人」も二木秀雄から「佐藤浩四郎」「中西清」と代わります。

どうやら二木秀雄は、朝鮮戦争開始と共に日本ブラッドバンクを創設し、それに素粒子堂診療所院長も加わり、出版事業の手抜きが始まったようです。この間、「政界ジープ記者を名乗り金銭を要求する○○がいるが当社とは一切関係ありません」の類の社告が、『政界ジープ』には頻出します。

一九五一年八月から五二年三月まで、『政界ジープ』は休刊しますが、五二年四月の復刊は、「株式会社ジープ新社、編集人宮下隆寿、発行人仁藤直哉」名です。どうやら、大量の単行本の返品によってでしょうか、一度倒産して新会社にしたらしいのです。ちょうど地下に潜った日本共産党が、「トラック部隊」とよばれる中小企業の設立・倒産を利用した商品横流し・党資金流用に関わったと言われる時期です。

以下は、国会図書館でも欠号が多くはっきりしませんが、二木秀雄が参院選石川地方区に「東京の出版社社長」として立候補した『政界ジープ』五三年三月・四月号は社名が「株式会社・精魂社」となっています。つまり五五年の七三一部隊同窓会「精魂会」、慰霊碑「精魂塔」のもとになる名前になりますが、発行人は「市川文三」とあります。それが五三年八月号では、二木が選挙で落選・復帰し「政界ジープ社」刊となり、「編集人小山耕二路、発行人二木秀雄」と変わります。

以後は、一九五五年一一月の「政界ジープ社」から翌一二月の「政界ジープ通信社」への社名変更が確認でき、五五年から五六年三月に大企業恐喝による「政界ジープ事件」で廃刊に追い込まれる当時は、登記上は「編集人久保俊広、発行人清水隆英」でした。

そのため「政界ジープ事件」の七〇〇〇万円近い恐喝容疑では、社長の清水隆英と編集局長の陸軍中野学校出身・久保俊広がまず逮捕され、実質的オーナーで主犯と認定された二木秀雄の逮捕は、五六年四月と二週間遅れました。その間に証拠隠滅をはかったのです。

二木秀雄のビジネス資金・資産、七三一部隊再建資金の謎

つまり、二木秀雄は、「ジープ社」「東京トリビューン社」「ジープ新社」「精魂社」「政界ジープ社」「政界ジープ通信社」と、同じ番地の事務所にいくつもの社名を使い分けて、『政界ジープ』を十年間、約百号出したことになります。これは、税金対策でしょうか、リスクの分散だったのでしょうか。やはり、謎のままです。

ただし、一九五五年八月の七三一部隊隊友会「精魂会」発足と、慰霊碑「精魂塔（懇心平等万霊供養塔）」建立にあたっては、大卒初任給一万円の時代に、二木秀雄は一四六万一一〇〇

円を一人で拠出し寄付しています（他の有志寄付総額五万五九〇〇円）。破産どころか、恐喝太りしたようです。

こうした二木秀雄の出版ビジネスと出版資金・資産の謎は、おそらく七三一部隊全体の戦後の隠匿資金・財産、米軍G2・PHWの機密費等と関わると思われます。それは、敗戦時の軍隠匿資金・財産、GHQ押収財産を原資にしたといわれる、いわゆる「M資金」の謎と同様に、未解明のままです。問題の所在を示すにとどめ、若い読者の探求に期待したいと思います。

この頃の二木秀雄について、山崎倫太郎「続『怪軍人伝』」という『読売評論』一九五〇年一〇月号の論説中に、陸軍中野学校・軍御用商社昭和通商の創設者である岩畔豪雄陸軍少将の戦後謀略として、「二木［秀雄］博士と親交があり、その二木事務所には益谷［秀次］自由党総務会長も出入りする一人だというが、二木を中心に岩畔と益谷とが交友関係にあるという推理も成り立つ」（六三頁）という記事があります。しかし後続報道がなく、また、石川県選出の益谷秀次は二木秀雄の五三年参院選出馬に反対するので、朝鮮戦争時に、二木秀雄は何らかの謀略活動に関わった可能性が高い、とだけ指摘しておきます。

朝鮮戦争へのゲリラ戦・細菌戦による介入——「地球の上に蚤が降る」

『政界ジープ』の誌面からは、宮本光一・内藤良一と組んだ日本ブラッドバンク設立や、GHQ・PHWとの折衝はわかりません。二木秀雄の七三一部隊についての情報戦は、ハバロフスク裁判『レポート』『真相』報道への防戦で、裁判そのものがソ連のでっち上げ陰謀とする反ソ反共攻撃と、日本共産党の分裂に問題をそらしての隠蔽継続作戦でした。

しかし、朝鮮戦争の開始は、二木秀雄の『政界ジープ』に、時局雑誌としての新たな報道領域を提供しました。五〇年四月『別冊政界ジープ』「戦争か平和か、米ソ戦を解剖する」、五〇年九月『政界ジープ臨時増刊』「戦争、日本はどうなる」などで、「原子戦争」の可能性と共に、実際の朝鮮半島での戦況と日本共産党の地下潜行に注目して「ゲリラ戦」「細菌戦」を論じるようになります。

五〇年一〇月号の特集「ゲリラへの招待状、日本でゲリラ戦はおこるか」が典型的で、「ゲリラ活動の危険性は、日本共産党の現状からも容易に想像される。彼等の手段は列車妨害、通信施設、発電所の破壊などいくらでもある」から、これに対抗して「我らは祖国を護る」勢力にとっても「ゲリラは原子力時代にも最も有効な戦法である」と主張します。

どうやら二木秀雄は、朝鮮戦争の一進一退、日本共産党の中核自衛隊・山村工作隊など後方攪乱策動を見て、かつて満州七三一部隊のインテリジェンス活動で身につけた諜報・防諜活動と、ペスト菌細菌爆弾撒布による農村壊滅作戦の有効性を想い出したようです。

『政界ジープ』復刊第一号（五二年四月号）で、二木秀雄は、ゲリラ戦としての「細菌戦」を公然と提唱するようになります。それはちょうど、朝鮮戦争での米軍・国連軍による生物兵器使用と、石井四郎の米軍細菌戦への協力が、国際社会で問題になった直後でした。

恐るべき細菌戦

もしも、ペスト菌を培養された二十五億匹の蚤が、地球の上に降り撒かれたら……人類は一挙に壊滅する。そんなバカな話が……と思う人は本文を読まれよ。

地球の上に蚤が降る

—細菌戦物語—

山本容

△蚤も兵器▽

△細菌弾丸▽

△原子戦と細菌戦▽

『政界ジープ』1952年4月号「地球の上に蚤が降る」

この局面で、二木秀雄の『政界ジープ』は、細菌戦を容認・奨励する山本容「地球の上に蚤が降る――細菌戦物語」という三頁の論文を載せます。「山本容」はペンネームですが、その内容からして、二木秀雄ないし七三一部隊関係者でなければ書けないものです。

「はしがき」は、「恐るべき細菌戦　もしも、ペスト菌を培養された二五億匹の蚤が、地球の上に降り撒かれたら……人類は一挙に壊滅する。そんなバカな話が……と思う人は本文を読まれよ」と自信満々です。

冒頭、小見出し①「蚤も兵器」に続き、一トンの蚤とは二五億匹で人類壊滅も可能で「膨大な経費と雄大な構想が進歩した科学研究に裏付けられるとき、われわれの予想を絶した戦術的・戦略的な細菌戦が展開される」と書かれています。

小見出し②「細菌は爆弾」では、使える細菌としてペスト・炭疽・鼻疽・発疹チフス・コレラ・チフス・赤痢……等々と挙げ、それらを実際に使う効果と共に、脅迫に用いる欺瞞的方法もある、「国際法の戦争法規には毒瓦斯とならんで細菌の使用は禁止されているのですが、原子爆弾すら公然と正義の名の下に使用せられ無辜の民衆を殺傷するのが戦争の実体ですから、自分だけ馬鹿正直に国際法をたよりにして、無対策でいるのは自殺行為」といいます。七三一部隊医師としての開き直りです。

小見出し③「原子戦と細菌戦」では、原爆使用は敵味方のバランスが崩れると共倒れの恐れがあるが、「目には見えない」細菌戦は発覚するのが遅れ、一人のペストでも発生すれば防疫のため地域の機能を停止できる、とその効果を説きます。

小見出し④「細菌戦の方法」では、「培養された細菌を水溶液にするもの」のほかに「細菌培養を冷凍し真空乾燥した粉末にする」方法があり、後者なら大量生産可能として、輸送手段の重要性に触れます。

小見出し⑤「細菌戦の防御」で、米国科学戦争指導本部の例を挙げ、日本政府にも「原子戦や細菌戦等、科学的進展に応ずる今後の戦争の様相を大局的に把握しなければならない」と細菌研究の必要を説きます。

以上の「地球の上に蚤が降る」論文は、朝鮮戦争当時の反共時局雑誌に目立たぬかたちで掲載されたものですが、七三一部隊関係者が、戦後に自分たちの研究の合理性・先見性を説いて開き直ったものとして、七三一部隊の復権におけるモニュメント的意味を持ちます。「精魂社」社長・二木秀雄は、おそらくこうした論理を用いて、全国に散って沈黙していた旧幹部・中堅隊員たちを説得し、五五年隊友会「精魂会」結成、慰霊塔「精魂塔」建立に導いたものと思われます。

五　ゴシップ誌、総会屋、裏世界に受け継がれた二木秀雄の宣伝術

金沢内灘射撃場闘争への大義なき介入、参院選出馬惨敗

『別冊政界ジープ』一九五一年一月号の特集「法と好色文学」は、言論の自由と性描写の問題を扱って、売れたようです。今日でもこの号だけは法学部図書館等に持っている大学があります。キワモノと学問の境界で売上げを伸ばす、二木秀雄一流の編集です。

『政界ジープ』五三年三月陽春特別号には、「精魂社」社長となった二木秀雄の政界進出について、編集局長・市川文三執筆と思われる「デスクより」という提灯持ち記事が出ています。すでに五二年一二月二五日から、北陸放送（ＪＯＭＲ）で政界ジープ提供・二木秀雄構成の「新しい話題の時間」をラジオ放送しているといいます。

「本社社長二木秀雄が一度参議院選挙に出馬するという噂が伝わるや、その道に異常なセンセーションを起して遂に一代の風雲児・怪物出るかと肝を冷やす者、狂気して今日あ

るを期待し早くも激励賛同の手紙を寄こす者やら、この所社は異常な活気に包まれている。」

翌四月号でも「北陸三県の政局展望」で「自由党がままならぬ石川県」の「井村［徳二、当選］・林屋［亀次郎、次点］の対立」を取り上げ、「茫漠たる風貌の人　本社社長　二木秀雄」の写真を大きく掲げていますが、この『政界ジープ』が石川県でどれだけの読者を持っていたのか、選挙用にばらまいたのか、当時の地元新聞選挙報道でも、その後の選挙分析や内灘闘争史でも、ほとんど触れられていません。

石川県では内灘米軍射撃場誘致が最大の争点の五三年衆参ダブル選挙で、二木秀雄は、七三一部隊の軍歴を選挙に使うことはできず、戦後のＧＨＱとの関係から、同郷で衆議院で当選した辻政信ほどには「反米自衛」を強く訴えることができませんでした。「金沢医大卒で東京で成功した出版社社長」をウリにした中途半端な二木秀雄は、金沢一中・四高・金沢医大の同窓生の一部に頼った泡沫候補に終わり、惨敗しました。『政界ジープ』五三年五月以降は欠号が多く確言できませんが、選挙敗戦の総括も見当たらず、大きな挫折であったようです。

欠号の多い五二年復刊後の『政界ジープ』

時局雑誌『政界ジープ』の一九五二年三月の復刊から五六年三月、政界ジープ恐喝事件による経営陣総検挙、廃刊までの時期については、よくわかりません。

第一に、この時期の『政界ジープ』は、国立国会図書館でも大宅壮一文庫でも極端に欠号が多く、系統的な内容分析は難しくなっています。発行元も、ジープ新社→精魂社→政界ジープ社→政界ジープ通信社、とめまぐるしく変遷します。

二木秀雄が「編集後記」等に登場するのは以前と変わりませんが、編集人は少なくとも宮下隆寿、市川文三、久保俊広、発行人は仁藤直哉、市川文三、清水隆英とめまぐるしく変わります。おまけに、元記者の取材を名目にした詐欺・恐喝まがいが多いらしく、「〇〇記者は本社と関係ありません」という社告が、以前にもまして目立つようになります。

もう一つの特徴は、『政界ジープ』という看板に反して、五二年復刊以降は、経済記事が多くなります。政治報道では、保守合同・左右社会党統一へのマンネリ化した報道が続きます。どうやら発行部数も減ったらしいのです。

五一年八月にジープ社が倒産したとき『財界ジープ』『経済ジープ』『医学のとびら』『別冊政界ジープ』『ジープ』等々の多角経営ができなくなり、復刊後は『政界ジープ』一誌にしぼって、単行本もやめて、細々と「時局雑誌の老舗」を守っているかたちです。

五三年復刊後の佐和慶太郎『真相』の復活

かつてのライバル誌、左派の佐和慶太郎『真相』の方は、講和・独立後の五三年一一月（五七号）から復刊し、「平和、独立、民主主義の旗じるし」「アメリカに帰ってもらう世論をつくる雑誌」と堂々と謳い読者を取り戻します。

それに対して、『政界ジープ』には、そうした覇気・特色がみられません。五二年四月の復刊号で、二木秀雄が「独立」後も「我が国唯一の大衆政治誌」「政財界の裏面誌」と、昔の名前をうたう程度です。

佐和慶太郎の『真相』は、日本共産党分裂による固定読者維持の困難のもとでも、復刊直後から「真相鋏厄史、占領下の言論とはこんなもの」という自誌のGHQによる検閲体験の記録を一三回連載して反響をよび、今日でも検閲研究の貴重な素材となっています。下山・三鷹・松川事件、白鳥事件、ラストボロフ事件などについて突っ込んだ調査記事を書き、水爆やABC兵器報道でも『政界ジープ』より具体的で新鮮でした。

原水爆禁止運動、米軍基地反対闘争等社会運動の時局報道の他、「濃縮ウラン受入れの裏にあるものは――原子力の平和利用という名の陰謀」（五五年五月）では、後にCIAが背後にいたことが明らかになる正力松太郎と中曽根康弘の原発開始期の暗躍を報道するなど、先駆的役割を果たしました。

もはや『政界ジープ』にとって『真相』は、「ライバル誌」とは言えない歴然とした差がありました。

五六年三月「戦後最大の恐喝事件」、二木は政界ジープ事件主犯・有罪に

それに対して『政界ジープ』は、二木秀雄「鮎川義介氏の闘志」（五二年六月）、「街の庶民金融」（五二年一二月）、二木「商工金融の行き方」（五三年三月）、「特殊金融機関の裏表」（五三年一一月）、「東京銀行の謀略」（五四年二月）、「粛正すべき日本専売公社」「二億数千万円喰った日興證券の遠山天皇」（五四年七月）、「隠された電電公社のカラクリ」「第二の保全経済会、詐欺師太陽生命」（五五年一月）、「千葉相互銀行乗っ取り事件」（五五年八月）、「四国電力の実態を衝く」（五五年一二月）……等々、特定の企業ないし企業経営者を実名で挙げて、その金融・金銭スキャンダルを暴く記事が目立ちます。特に地方の相互銀行や中小企業金融が狙われたようです。

この復刊後の末期『政界ジープ』の行き着いた先が、一九五六年三月に発覚する「戦後最大の恐喝事件」＝政界ジープ事件でした。

末期の『政界ジープ』巻末で目立つのは、政界ジープ社総局・支局の一覧表です。九州・中部・関西・四国に総局をおき、全国一三の支局を持っています。これは、五〇年頃の最盛期ジープ社の東京本社集中管理方式とは、ずいぶん違います。確かに地方の銀行・企業・議会についての取材記事もありますが、月に一冊の時局雑誌編集にしては、大げさな布陣です。

結論的に言えば、これらの総局・支局を使って全国的に展開されたのが、企業スキャンダルをネタとした脅迫と恐喝の金集めであったのではないかと思われます。

政界ジープ総局、支局

九州総局
福岡市向鴎町一八
総局長　甲斐田　明

中部総局
名古屋市中区東田町二ノ三
総局長　菅原章人
電話（中）24五九〇八

関西総局
大阪市西区西長堀南通一の二
総局長　川島秀男
電話（新町）九二一六

四国総局
高知県高知市中島町八
総局長　高村直衛
電話　二〇四八

京都支局
京都市伏見区深草（キトロ）五
支局長　北川　徹
電話（本局）二九九五

鹿児島支局
鹿児島市南林寺町一の一六
支局長　黒田紀元
電話　一五一

北九州支局
門司市内浜町一丁目明光ビル
支局長　佐藤多加夫
電話　一六二

神奈川支局
横浜市鶴見区仲通り三の二一
支局長　山田耕一

宮崎支局
宮崎市中村町一丁目
西日本経済新聞社内
支局長　内　重人

北陸総局
金沢市参三六番丁五三
総局長　木村譲雄
電（2）三三三一

静岡支局
静岡市上足洗四六七ノ一
（県住71号）
支局長　植松　一

熊本支局
熊本市北新坪井町二一八
支局長　川端一男

新潟支局
新潟市白山浦二の一八六
支局長　長谷川晴一

千葉支局
千葉市寒川町一の一二七
支局長　栗田辰己
電話（呼）七九一

盛岡支局
盛岡市加賀野中通三三
支局長　奥家憲吉

大分支局
別府市松原御幸通り五
支局長　香椎　直
電話（別府）二〇一九

奄美大島通信部
鹿児島県名瀬市八舟九班
部　長　武山ツヤ子

政界ジープ総局、支局リスト（1955年）

上の図の五五年総局・支局の代表者リストと、隊友会「精魂会」発足時に二木秀雄の組織した五六年の元七三一部隊隊員名簿を照合してみましたが、いまのところ、合致者は出てきません。

恐喝事件逮捕者の経歴とその後

一九五六年三月一三日、『朝日新聞』紙上で「政界ジープ事件」発覚が大きく報道されるにあたっては、「『政界ジープ』に手入れ、政・財界・知名人脅す、社長ら七人を逮捕、大阪支社も捜索」と、地方支局にも一斉に手入れが入ります。「某大会社に重役陣のスキャンダルがある」といい「この事実を書くぞ」と脅して十数万円をとった、など被害に遭った一流会社・銀行は三〇数社、「暴露記事を武器にした悪質なおどし事件」とされます。典型的な恐喝です。繰り返しの社名変更、編集者・発行者の交代、支社の分散化は、この日を予期しての犯罪隠し・リスク分散であったようです。

久保俊広は、「政界ジープ通信社」社長として三月一三日に真っ先に逮捕され、三月二八日に「政界ジープ社」社長清水隆英が逮捕されます。四月二日に、本丸である「元株式会社政界ジープ社社長・医博」二木秀雄の逮捕にいたります。

摘発時の報道では、被害総額六九六〇万円の「戦後最大の恐喝事件」とされましたが、最終的には野村證券・山一証券・住友銀行・神戸銀行など計一九社六四三五万二〇〇〇円の恐喝事件として立件・起訴されました。

神戸銀行は、日本ブラッドバンクの大株主で、メインバンクでした。社長の内藤良一も、初代取締役二木秀雄との関係を断ったでしょう。

二木に懲役六年求刑
「政界ジープ」の会社恐かつ事件

『朝日新聞』（1964 年 12 月 24 日）

二木秀雄は、六四年東京地裁で懲役六年が求刑され判決四年、高裁・最高裁まで上訴して、六九年に懲役三年で結審・服役します。日本の高度経済成長期は、生活のために続けた町医者二木秀雄にとって、刑事被告人のままでした。

政界ジープ恐喝事件で有罪になった被告は、主犯の二木秀雄のほか、久保俊広、清水隆英、成重正則、五島徳二郎の五人でした。

この逮捕を機に、二木秀雄は、表社会からしばらく身を引き、二つの裏社会でのインテリジェンス(諜報)活動にたずさわります。一つは、これまで繰り返し述べてきた、七三一部隊隊友会「精魂会」の組織化、「精魂塔」建立です。メディア史にとって重要なもう一つは、恐喝事件の延長上での、政財界の裏資金・ヤミ金融ブローカー、総会屋活動への、二木秀雄及び関係者たちの参入です。

『政界ジープ』末期の編集長・久保俊広は、一九八七年に『今も生きているテキヤの仁義』という本を出しています。その奥付に、顔写真入りで、略歴を入れています。「大正一三年七月一八日、鹿児島県に生まれる。拓殖大学卒、前橋陸軍〔予備〕士官学校卒、陸軍中野学校入校。戦後、雑誌『政界ジープ』社常務取締役兼編集局長、『国会ニュース』の社長を経て、総合出版『ジャパンポスト』取締役社長兼編集主幹、『産経リサーチ』取締役社長として現在に至る」と堂々と書いています。テーマがテキヤで、発行元は自分が社長のジャパンポスト出版部だから、むしろ読者への「勲章」と考えたのでしょう。

もう一人の被告五島徳二郎は、満州時代に岸信介のブレーントラスト(知能顧問)かつ竹馬の友で、岸が満鉄役員時代の満州国治安部高官でした。戦時中は、陸軍御用達の秘密軍需商社・昭和通商において、阿片売買で活躍したといわれます。戦時中の昭和通商には、陸軍中野学校関係者が多かったと言われます。満州での七三一部隊・二木秀雄とのつながりはわかりませんが、久保俊広とは中野学校・昭和通商がらみでつながり『政界ジープ』に誘われたのでしょう。

昭和通商に在籍した山本常雄によると、昭和通商情報部には、四つの系統の諜報機関があったといいます。日本ブラッドバンクの株主ともなった調査部長・佐島敬愛が、人類学者岡正雄・今西錦司など「文化人、ジャーナリストおよび自由主義を標榜する人士を好み、直情野性的なものを蔑視する傾向が強かった」のに対し、五島機関の「五嶋徳二郎氏が満州国謀略の本陣たる治安部より推挙されて入社しただけに調査部における特殊活動はほとんどこのグループが引き受けていた。……グループ自体として岩畔〔豪雄〕、藤原〔岩市〕両機関と密接な関係、中野学校出身者の現地再錬成を引き受ける等、大なるエネルギーをもって活動したが、戦争終盤に至り、東条政権打倒事件に連座、憲兵隊の強烈な弾圧も加わり、その活動力は急速に衰微した」と述べています。

二木秀雄の『政界ジープ』は、こうした怪しげな人材が取材記者の名目で潜り込む格好の場であったようです（山本常雄『阿片と戦争――陸軍昭和通商の七年』ＰＭＣ出版、一九八五年）。五島の「宝石商」という保釈後の職業も、闇金融ブローカーにふさわしいものです。

こうした経歴からも、三浦義一を後ろ盾にして豊田一夫が五二年に作った愛国右翼団体「殉国青年隊」に、久保俊広と五島徳二郎が関わったという、六〇年代に国会でも問題になった情報は、事実だろうと思われます。

三浦義一は、占領期にはGHQ・G2ウィロビーと深い関係でした。六〇年安保を機にした岸内閣を支える右翼民族派・ヤクザ暴力団の全国糾合にあたって、三浦義一の影響を受けた豊田一夫は、右翼の世界で児玉誉士夫と対立したともいわれますが、同時に関西電力の芦原義重にくい入り、原発利権と政治家の橋渡しとなったことで知られています。

清水隆英は、六六年には「無職」となっていますが、公判中の五九年一月には「政財界ジープ社・編集発行人清水隆英」名義で『政界ジープ』を再刊したらしく、「御成婚ちかづく皇太子と正田美智子さん」「政界実力者群像」「財界実力者群像」のほか社説「岸内閣退陣せよ」を掲げました。ただし再刊した『政界ジープ』もすぐにつぶれたようです。

「接骨院経営」という成重正則については、いまのところ、手がかりがありません。

『政界ジープ』からゴシップ系時局誌・総会屋系業界誌への系譜

こうした末期『政界ジープ』関係者のその後を追いかけていくと、「政界ジープ恐喝事件」の残した、裏社会への遺産がみえてきます。一つは、いわゆる出版社系総会屋の有力なルーツが、二木秀雄の右派時局雑誌『政界ジープ』にあったことです。

今日では、度重なる商法改正で総会屋による株主総会あらしは目立たなくなりましたが、この方面の必読書といわれる『ドキュメント総会屋』（大陸書房、一九八一年）の著者・小野田修二自身が、『政界ジープ』記者の出身で、『月刊ペン』編集長からフリージャーナリストという経歴です。
ライバル誌だった佐和慶太郎の『真相』が一九五七年に廃刊した後、その手法が七九年に岡留安則の『噂の真相』創刊に受け継がれることはよく知られていますが、『政界ジープ』も、いわゆる総会屋系雑誌といわれる『現代の眼』（木島力也）、『創』（小早川茂）、『流動』（倉林公夫）、『新雑誌X』（丸山実）などに残党が入り込む、ないし編集手法等が受け継がれた可能性があります。

一九八四年に廃刊になる『日本読書新聞』の末期に暗躍したのは、版元日本出版協会を乗っ取り理事長をつとめた「国会に巣食うダニ」、陸軍中野学校出身の久保俊広でした。

『現代の眼』1970年8月号

伊藤博敏の財界ドキュメント『黒幕――巨大企業とマスコミがすがった「裏社会の案内人」』（小学館、二〇一四年）によると、『現代産業情報』社主で大きな経済事件の裏に必ず出て来る「兜町の黒幕」石原俊介の師は、『政界ジープ』出身の小野田修二だったといいます。

また保守系論壇誌『自由』の石原萠記と東京電力を結びつけたのは、情報誌『マスコミ時代』の発行人だった大橋一隆で、大橋は『政界ジープ』記者時代に東京電力の首脳陣に食い込み、東電のマスコミ対策を事実上差配したといいます。

二〇一一年三月一一日に福島原発事故が起こった際、東京電力の勝俣恒久会長は大手マスコミ幹部と中国旅行中で問題になりましたが、この「愛華訪中団」の仕掛け人が、大橋とその遺志をついだ石原萠記だったのです。巨大企業によるマスコミ対策の一つの源流が、七三一部隊二木秀雄のインテリジェンス活動だったのです。

二木秀雄と平和相銀・小宮山英蔵の黒い繋がり

さらに興味深いのは、一九八六年に東京地検特捜部が摘発した平和相互銀行の特別背任事件の裏事情です。伊藤『黒幕』は、『政界ジープ』編集長をつとめた本田二郎が、「退社後、「平和相銀会長・小宮山」英蔵の社外秘書的な存在となり、ダーティーな仕事を引き受けてきた。また、本田以外の『政界ジープ』人脈も、平和相銀に食い込んできた」と記しています。しかも、平和相銀グループ所有の鹿児島県馬毛島を自衛隊水平レーダー基地用に国が買い上げる二〇億円の政界工作は、「殉国青年隊」あがりの大物右翼・豊田一夫が担当したそうです。

重要なのは、本田二郎の平和相銀への接近が『政界ジープ』の「社長が小宮山英蔵と親しかったので」と、二木秀雄の名はありませんが、早くからの二木秀雄と小宮山一族の関係を示唆していることです。すると平和相銀事件への本田のほか、久保俊広や五島徳二郎、豊田一夫らの関与も、二木の流れであると理解できます（山田穂積『謀略の金屏風――平和相互銀行事件・その戦慄の構図』宝島社、一九九四年）。

平和相銀の小宮山英蔵は、実弟・小宮山重四郎が自民党の衆議院議員（郵政大臣）でした。小宮山英蔵は、保守系政治家や総会屋・右翼などと黒い関係を持ち、「闇の紳士の貯金箱」とまで噂されました。彼が一九七九年に没し、後継者争いの内紛がおこったところで、闇の世界の黒幕たちがうごめき、暗躍しました。こうしたことは國重惇史『住友銀行秘史』（講談社、二〇一六年）の描く裏世界です。ちょうど時期を同じくして、恐喝事件の刑期を終えた二木秀雄が、新宿歌舞伎町で新たに診療所「ロイヤル・クリニック」を始め、日本イスラム教団で派手な産油国工作をくり広げたことが、週刊誌でも話題になりました。

その日本イスラム教団の広告塔としてあげられたのが、俳優水の江瀧子、劇作家阿木翁助と共に、「前郵政相の小宮山重四郎氏も昨年入信」したという事実でした（『週刊文春』一九七九年三月二二日、『週刊新潮』一九七九年五月一七日）。小宮山兄弟と二木秀雄の関係は、占領期から八〇年代まで続いていたと考えられます。二木の裏社会での暗躍の有力なパトロンは、平和相銀の小宮山英蔵であったようです。

占領期時局雑誌『政界ジープ』『真相』の系譜学

もっとも二木秀雄のインチキ宗教・病院ビジネスを暴いた出版社系週刊誌も、見方によっては、『政界ジープ』や『真相』など時局雑誌の系譜と言うことができます。

『週刊朝日』『サンデー毎日』など新聞社系が主流だった週刊誌の世界に、『週刊新潮』が「俗物主義」を売り物に創刊されたのは、一九五六年二月六日でした。ちょうど政界ジープ事件が発覚し、『政界ジープ』誌が廃刊される直前です。

『週刊文春』創刊は一九五九年四月で「新聞・テレビが書かない記事」を狙いました。『真相』廃刊の二年後です。占領期の月刊大衆時局雑誌のマーケットに、週刊の速報性を持ち込み、ゴシップ・スキャンダル記事の通俗性を引き継いだと言えなくもありません。

実際、今日の「文春砲」や「新潮砲」の得意とする政治家のカネ、異性関係、経歴詐称、家族の醜聞などは、占領期に『政界ジープ』や『真相』が切り開き、得意とした報道領域・売り上げ手法でした。

こうした関係を、占領期時局雑誌の類似雑誌との比較と、もともとの流れから現代に受け継がれた系譜によって仮説的に図解して、第Ⅲ部の話をまとめておきます。

簡単に説明しましょう。図の系譜学からいきますと、占領期の二大時局雑誌『政界ジープ』と『真相』は、その創刊者である七三一部隊医師二木秀雄と、日本共産党員佐和慶太郎の違いに応じて、前身があります。

二木の場合、戦後すぐに金沢で刊行した『輿論』『日本輿論』が前身で、どちらかといえば論壇誌・評論誌に近いものでした。佐和慶太郎は、一九三五年に『労働雑誌』を編集しますが、

←系譜　出自　系譜→

『真相』『政界ジープ』の位置
（典型性＝①両誌は10年約100号継続、公称10万部で、スタイル酷似、②政界裏話・スキャンダル・ゴシップ・女性問題で売る、③今日の文春砲・新潮砲・選択等の原型と考えられる）

すでに日本共産党中央委員会壊滅後の合法雑誌で、共産主義というよりも、言論の自由の境界線でのリベラルな反ファッショ雑誌でした。それでも佐和は、治安維持法違反で入獄しました。そこから佐和は、戦後は一時『人民』という共産主義理論誌を出しますが、合法化された日本共産党が理論機関誌『前衛』の刊行を始めたので、自らは政治を大衆にわかりやすく説くバクロ雑誌『真相』を始めました。

ですから、同じ大衆時局雑誌でも、『真相』はＧＨＱの検閲をもくぐって左派の論調を保ち続けるのに対して、『政界ジープ』は、ＧＨＱの民主化政策から「逆コース」が進むにつれて、反共保守の性格を強めていきました。

両誌は一九五〇年代に消えていきますが、『政界ジープ』の手法と内容は、総会屋系雑誌や業界誌のほかに、『週刊新潮』や『週刊文春』などゴシップ・スキャンダル系週刊誌に受け継がれていきます。

『真相』は、同じゴシップでも、あらゆる権力・権威に距離をおく批判性・急進性を売り物にしていましたから、その後の

←総合誌　論壇誌　時局誌　娯楽誌→　カストリ雑誌

占領期の雑誌類型

八〇年代『噂の真相』や、今日出ているものでは『選択』など硬派の雑誌に流れていくと考えられます。

占領期の雑誌類型と大衆時局雑誌の政治性・中間性

上の図が、占領期における雑誌類型です。その真ん中が時局雑誌の位置で、政治的左右の代表である『真相』『政界ジープ』のほか、『レポート』『日本評論』『時局』『世界週報』などが考えられます。

その左脇に、境界線ははっきりしませんが、硬派の論壇誌・評論誌である『新生』『展望』『世界』『思潮』『潮流』『世界評論』『朝日評論』などが挙げられます。当時最大部数の米国誌『リーダーズダイジェスト』も加えていいかもしれません。

右脇には、政治性が薄い娯楽誌・映画誌として、『平凡』『スタア』『ロマンス』『ホープ』『ベースボールマガジン』などを入れてみました。日本の独立後に『明星』が加わります。時局雑誌はグラビア、写真などで娯楽誌の手法を採り入れます。

さらに論壇誌・評論誌の外側に、戦前からの総合誌『中央公論』『文藝春秋』『改造』などを置きます。非政治的な娯楽誌の延長上に、当時エロ・グロ・ナンセンスと謳われ流行したいわゆるカストリ雑誌、『りべらる』『実話雑誌』『美貌』『猟奇』『あまとりあ』等々通俗雑誌が位置するでしょう。

この他文芸誌、女性雑誌や少年誌、写真・グラフ雑誌等もありますが、省略しておきます。この図は、本書で扱った『政界ジープ』『真相』など占領期の時局雑誌の、政治的ながら中間的で大衆的な性格と、その影響力を理解するための思考実験の産物です。派手な表紙と見出しでセンセーショナルに報道するが、多くは読み捨てられる政治情報誌です。

メディア史ではともかく、私の専攻する政治学や歴史学では、総合誌や論壇誌は詳しく扱われますが、こうした時局雑誌にまで目配りすることはまれです。逆に社会学や文化史・表象論では、カストリ雑誌や娯楽誌は読者との関係で注目されますが、政治がからみ芸術性の低い中間雑誌は無視されます。

けれども、今日なら電車の中吊り広告で派手に宣伝され、多くの人々の日常に入り込むこうした読み捨て雑誌が、科学技術の役割や戦争の悲惨、軍備拡張の意味、中国人・朝鮮人との付き合い方など、今日の私たちの歴史認識にまで受け継がれる当時の庶民の政治感覚・国民感情を形成する上で、相当程度に役割を果たしたのではないか——。

これが、長年私が想いをめぐらせてきた疑問——関東軍七三一部隊の戦争犯罪はなぜ長く忘れ去られてきたのか、七三一部隊の医師・医学者たちはいかに戦後に復権していったか、一般隊員たちはどのように戦後を生きてきたのだろうか、その隠蔽された記憶がなぜ『悪魔の飽食』や薬害エイズ事件によって覚醒され、甦生して、史実として認定されてきたのか――に対する一つの答えです。

それが現代の週刊誌やインターネットの文化でも生き続けているとすれば、南京大虐殺や従軍慰安婦問題と共に、七三一部隊の歴史にも、新たな解剖のメスが必要となるでしょう。とりわけ科学の軍事化・軍学協同が急速に進む今日への警鐘となるのではないでしょうか。

以上を、本書全体の一つの結論としておきます。

あとがき

本書は、二〇一七年に同じ花伝社から刊行した拙著『「飽食した悪魔」の戦後――731部隊と二木秀雄『政界ジープ』』の姉妹編であり、要約版です。

本書は、七三一部隊に関係する三つのテーマでの講演記録を、重複部分や質疑応答をできるだけ削除・省略し、前著刊行後にわかった事実を補足しながら、ですます調の文体でまとめたものです。内容的には、前著の文章や写真をそのまま使ったり、資料や文献を省略したりした部分も入っています。とはいえストーリーの運びから、ある程度の重複・繰り返しは避けられませんでしたが、できるだけ角度を変えて話すようにしました。

前著刊行に前後して、関東軍七三一部隊を主たる素材とした講演や研究会報告を依頼されるようになりました。講演の内容は、基本的に四〇〇頁の分厚い学術書である『「飽食した悪魔」の戦後』に典拠を含めて盛り込みましたが、いくつかの講演では、主催者側によりテープ起こし原稿が作られ、著者である私の校閲を経た上で、主催団体の機関誌・ニューズレター・ブックレット等に収録・掲載されました。中には、近いテーマでのいくつかの講演記録をまとめたものもありました。

「Ⅰ　戦争の記憶――ゾルゲ事件、七三一部隊、シベリア抑留」は、二〇一五年秋以降に、著者が新三木会、日本ユーラシア研究所、オーストラリア・シドニーでの第九回ゾルゲ事件国際シンポジウム英文報告、早稲田大学二〇世紀メディア研究所などで行った、それぞれに主題や重点の異なる講演の集大成で、総論になります。日露歴史研究センター『ゾルゲ事件外国語文献翻訳集』第四六号（二〇一六年五月）に一度講演記録としてまとめられ掲載されたものに、手を加えたものです。

「Ⅱ　七三一部隊の隠蔽・免責・復権と二木秀雄」は、もともと二〇一七年四月のNPO法人七三一資料センター第六回総会での記念講演と、同年八月の日中戦争八〇年共同キャンペーンでの講演記録をもとにした『週刊金曜日』編のブックレット『日中戦争から八〇年　加害の歴史に向き合う』所収の文章をもとにして、二〇一八年一月の第三〇四回現代史研究会報告により加筆したものです。

「Ⅲ　戦後時局雑誌の興亡――『政界ジープ』対『真相』」は、二〇一七年七月の二〇世紀メディア研究所第一一三回研究会のために、すでに刊行された『「飽食した悪魔」の戦後――七三一部隊と二木秀雄「政界ジープ」』のメディア史に関わる部分を抜粋してつなぎあわせた報告資料をもとにして、二〇一八年三月のイギリス・ケンブリッジ大学での国際ワークショップに英文報告した「関東軍七三一部隊をめぐる情報戦」で補足してあります。

これらに関わった各団体・研究会の関係者の方々に、記して謝意を表します。

加藤哲郎（かとう・てつろう）
1947年岩手県生まれ。東京大学法学部卒業、博士(法学)。現在、一橋大学名誉教授。英国エセックス大学、米国スタンフォード大学、ハーバード大学、ドイツ・ベルリン・フンボルト大学客員研究員、インド・デリー大学、メキシコ大学院大学、早稲田大学大学院政治学研究科客員教授等を歴任。専門は政治学・比較政治・現代史。インターネット上で「ネチズンカレッジ」主宰（http://netizen.html.xdomain.jp/home.html）。メール連絡先、katote@ff.iij4u.or.jp
著書に、『ジャパメリカの時代に』『東欧革命と社会主義』『ソ連崩壊と社会主義』『現代日本のリズムとストレス』『二〇世紀を超えて』『情報戦の時代』『情報戦と現代史』『「飽食した悪魔」の戦後――７３１部隊と二木秀雄『政界ジープ』』（花伝社）、『社会と国家』『ワイマール期ベルリンの日本人』『日本の社会主義』（岩波書店）、『国家論のルネサンス』『コミンテルンの世界像』『モスクワで粛清された日本人』（青木書店）、『国境を越えるユートピア』『象徴天皇制の起源』『ゾルゲ事件』（平凡社）、など多数。

カバー写真
「凍傷実験を実施する日本軍」（表紙）「祈る日本軍」「凍傷実験実施後の被験者の足の病変の状態」『駐蒙軍冬季衛生研究成績（極秘）』、「七三一部隊のハ爆弾の図面」米国国立公文書記録管理局新館（『関東軍第七三一部隊罪証図録』より）
「関東軍防疫給水部本部731部隊（石井部隊）」by 松岡明芳 (commons.wikimedia.org)

７３１部隊と戦後日本――隠蔽と覚醒の情報戦

2018年５月20日　初版第１刷発行
2020年４月５日　初版第２刷発行

著者 ――加藤哲郎
発行者 ―平田　勝
発行 ――花伝社
発売 ――共栄書房
〒101-0065　東京都千代田区西神田2-5-11出版輸送ビル2F
電話　03-3263-3813
FAX　03-3239-8272
E-mail　info@kadensha.net
URL　http://www.kadensha.net
振替 ――00140-6-59661
装幀 ――三田村邦亮
印刷・製本―中央精版印刷株式会社

ISBN978-4-7634-0855-6 C0021

「飽食した悪魔」の戦後

――７３１部隊と二木秀雄『政界ジープ』

加藤哲郎 著

本体価格3500円＋税

● 731 部隊の闇と戦後史の謎に迫る！

雑誌『政界ジープ』創刊、ミドリ十字創設、731 部隊隊友会、日本イスラム教団――。残虐な人体実験・細菌戦を実行した医師がたどる戦後の数奇な運命。
GHQ と旧軍情報将校の合作による 731 部隊「隠蔽」「免責」「復権」の構造。

皇軍兵士、シベリア抑留、撫順戦犯管理所

――カント学徒、再生の記

絵鳩 毅 著

本体価格2000円＋税

●戦争に翻弄された魂の遍歴

1941年28歳 出征、1956年43歳 帰国。
和辻哲郎門下生としてカント哲学に傾倒した絵鳩毅にとって、戦争とはいかなるものだったのか。シベリアの極限状況はどのように俘虜の心を壊していったのか。そして中国撫順戦犯管理所にて、「戦犯」はなぜ人間性を取りもどすことができたのか――。

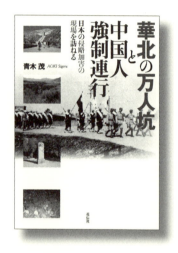